一歩踏み出せない人のための
株式原論

経済アナリスト
馬渕磨理子

プレジデント社

一歩踏み出せない人のための株式原論

撮影　野口 博
ブックデザイン　鈴木成一デザイン室
構成　力武亜矢

一歩踏み出せない
人のための
株式原論

目次

序章

投資の正体

第1章

いま日本は転換点にある

第2章

経済学派の歴史と金融市場

第3章

株価とは何か

第4章

投資に役立つ「指標」徹底図解

第5章

NISAの始めかた、終わりかた

第6章

業種・大型株・割安株の意味を知る

終章

鈍感力と敏感力

序章
投資の正体

知ることで、人は冷静になれる

２０２４年の１月から２月にかけて、私は乳がんの手術と治療のため、２カ月の長期休暇を取りました。前の年にたまたまレギュラーを務める報道番組「ウェーク

アップ」で乳がん特集があり、事前に検診を受けたところ、乳がんが見つかったのです。

早期発見だったので、治療にしっかり専念すれば、2カ月ほどで仕事に復帰できるはずとは思っていましたが、それでも万が一に、仕事に戻ってこられないことも想定しなければならないと考えていました。

そして、闘病で休むギリギリ直前に登壇した資産運用EXPOで、「日経平均3つのシナリオ」の図を紹介しました。**「もし病気で私が戻ってこれなくても、この図さえあれば、相場にどんな混乱があっても皆さんが迷うことはありません」**とお伝えしました。

24年8月5日、日経平均は4451円安と、過去最大の暴落となりました。翌日の6日には一転して急騰し、3217円とこちらも過去最大の上げ幅となりました。5日の急落を受けて私は、自分のX（旧Twitter）に、以下のような内容のメッセージをポストしました。

《知らないことで、不安は増強されます。ものごとや基準を知ることで、人は冷静になれます。

いまのマーケットは、大きく下落していますが、EPS（1株当たり利益）×PER（投資家の期待値）で判断できる範囲内です。つまり前回の投稿で示したレンジの図（P13）の通り「強気シナリオ」の範囲内です。この範囲にとどまっている限りは、金融関係者や相場歴が長い人のほとんどが冷静に市況を見ています。

しかし、本当に状況が一転するのは、PER12倍を割れ始め、PERの基準ではモノサシが効かなくなる時です。企業の利益や投資家の期待値など、そうしたことなどまったく判断材料にならないような相場。それが、リーマンショックやコロナショックでした。

コロナショックの時に、どこまで下がるか不透明ななかで1つの基準となったのがリーマンショックの底です。**リーマンショックの時に日経平均はPBR0・8倍台**で下げ止まりました。そのため、コロナショックの時に、日経平均の下値の目安を0・8倍において見通しを出していたところ、下げ止まりました。

必ずしもではないですが**相場が本当に壊れた時はPBR0・8倍が下値の基準となる可能性**があります。信じられない、有り得ない、異例の水準ですが。**常に平常時にPBR0・8倍を想定していますし、何度もみなさんにお伝えしてきました。**

見通しが当たる、外れるということはどうでもよく、相場人生、冷静になれるこ

日経平均3つのシナリオ

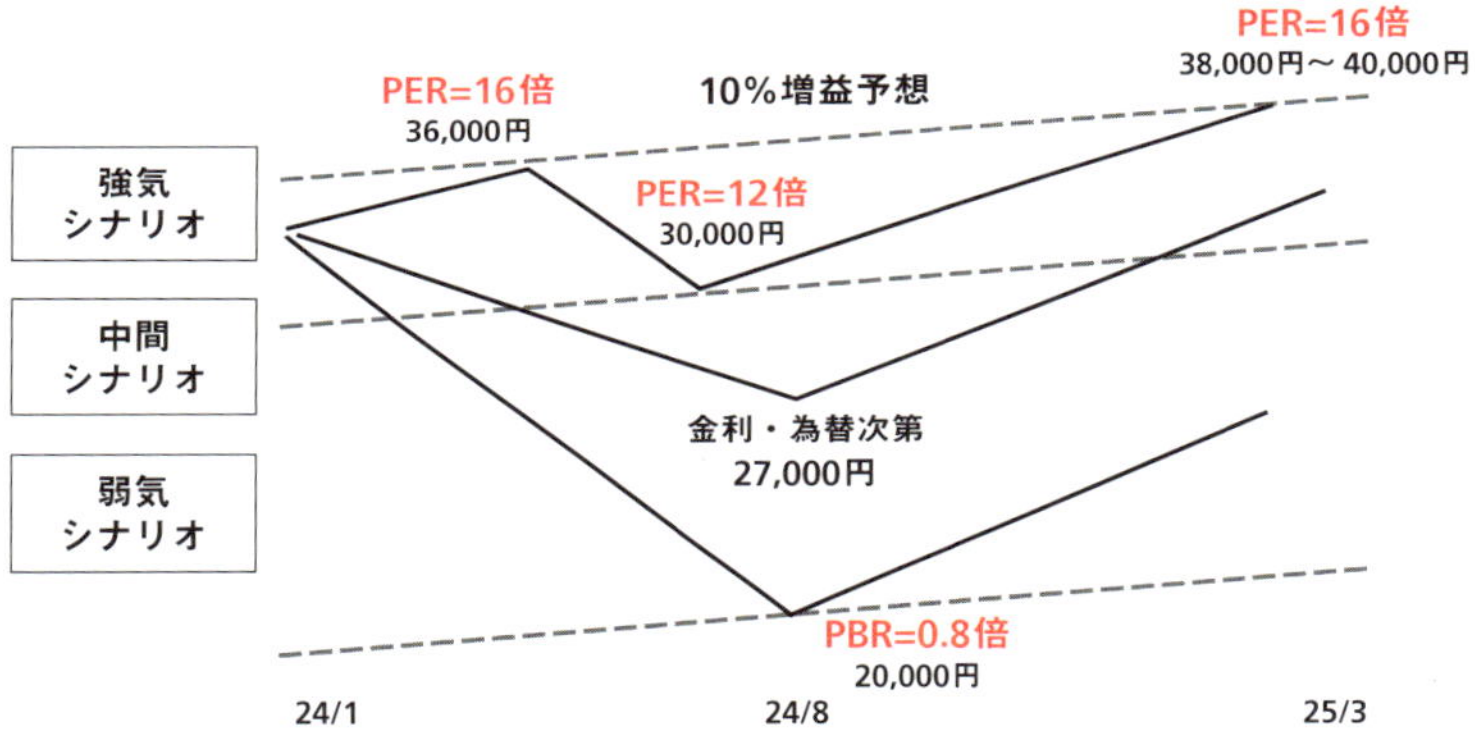

出所：日本金融経済研究所作成

とが重要だと思っています。数字をベースにした基準があることで、自身が何度も救われた経験から、こうした水準をお伝えさせていただくようになりました。

PERの判断軸の範囲内で収まることを望んでいます。》

EPS、PER、PBRなどと、専門用語がいきなり出てきて、戸惑った読者の方がたくさんいると思いますが、これは、本書の中で、後ほどじっくりご説明いたします。ただ、私がお伝えしたかったのは、数字をベースにしたきちんとした基準があり、それを見ることで、冷静な投資ができるということです。

知らないことで、不安は増強される。も

のごとや基準を知ることで、人は冷静になれる。見通しが当たる、外れるということはどうでもよく、**相場人生、冷静になれることが重要だと思っている。**これは、私が常々、いろいろなところで語っていることです。

いまこそ株式投資を始めるタイミング

2014年にNISA（少額投資非課税制度）がスタートして以降、個人投資家は増加を続けています。24年には非課税期間を無期限化して非課税上限額が拡大された新NISAが始まり、ますます個人が投資しやすい環境になりました。あわせて、約30年にわたって続いたデフレがようやく回復の兆しをみせていることなどから、ここ日本での投資意欲は徐々に高まってきました。

一方で、すっかりデフレの保守的な経済環境に慣れてしまった私たちは、大事な貯蓄を流動性が高い投資に回すことに、不安を覚えています。「バブル崩壊時のように、資産が突然、泡のように消えていきはしないか」「どんなに金利が低くても投資をせずに貯金しておくほうが安全な選択ではないか」と思ってしまうのです。

企業も個人も現金を貯め込んで使わないため、経済はいつまでも上向かず、企業は給料を上げられません。給料が上がらないから消費者はお金を使わず、結果として、日本は約30年もの間デフレスパイラルの中にいました。その間に海外は経済成長を続け、日本のＧＤＰ（国内総生産）は、中国やドイツに抜かれ、世界4位となりました。国際通貨基金（ＩＭＦ）が4月に公表した推計によると、25年には、インドに抜かれ、世界5位になる見通しです。

ＧＤＰ世界1位の米国では、日本人がゼロからマイナス金利の中でせっせと貯蓄をしている間に投資をし、見事に経済成長につなげました。コロナ禍から抜けた現在は円安が日本を襲い、日本人もようやく、値上げを受け入れなければいけない覚悟ができてきたように思います。国民の覚悟ができれば、国は金利を上げることができ、徐々にインフレの方向へ舵を切ることが可能になります。まだデフレから脱却したとは言えませんが、**いまこそ株式投資を始めるタイミングだと私は思います。**

株価の値動きがどのように起きるかを理解するには、その時代ごとの経済学のトレンドと株価を結び付けて考えることが大切です。株式投資と経済学は別々に語られることが多く、2つを紐づける参考書はあまり見かけませんが、経済アナリストで投資の専門家でもある私の経験からすると、その時代の経済学と市場の仕組みを紐づけて考えれば、株式投資はもっと身近で、簡単に、そしてリズミカルに運用できるようになるはずです。

株価が市場の値動きに連動して変わることはご存じかと思いますが、市場の値がどのような仕組みで動いているか、なぜ円高や円安、インフレやデフレが起きるかについて、知らないまま投資をしている人は少なくないように思います。

でも、**それを知ることで、目先の株価の上昇や下落に不安になったり一喜一憂したりすることなく、冷静な心で株価の動きを見て、判断することができるようになります。**

私は、相場を分析するなかで冷静でいるために、毎年の年末年始に日経平均のレンジを作成して、1年間それをベースにモノゴトを判断します（もちろん企業決算を通過するたびに、利益が動きますので微調整をします）。

株式市場は、実は非常に素直な存在です。どこよりも早く世の中の情勢を嗅ぎ取り、動き出すのが金融市場です。金融市場には多様な価値基準が存在し、前提条件も刻々と変化します。こうしたことから、金融市場は複雑に思われがちですが、行動原理はいたって合理的なのです。

資金が集まる場所の条件は、ただ1つ。「信用がある場所」です。

歴史的な円高が続き、新ＮＩＳＡ制度が始まったいまこそ、経済学の観点から株式の世界を俯瞰し、フラットな視点で堅実な投資を始めてみませんか。もちろん、投資にはリスクがつきものです。ですが、株価がどうやって生み出されるのか、その仕組みを知ることで、堅実な資産形成のスキルを身につけることはできます。私はこの本を通して、その方法をお伝えしたいと思っています。

本書を構成する8つのポイント

本書は、概ね以下のような構成になっています。

第1章では、**30年続いた日本のデフレの正体とは何だったのか**を分析します。そのことで、いま日本が進もうとしているインフレ政策と金融政策の関係を考察します。

第2章では、**経済学誕生以来の、経済学の学派と経済政策との歴史を**辿ります。乳がんの治療のため、お仕事を休んでいる間に、私自身もあらためて、経済学の歴史をもう一度おさらいしようと思いました。それを知ることで、株式投資をよりフラットな視点で俯瞰して見る。それによって、常に冷静に相場を見ることに、必ずつながるからです。

第3章では、冒頭でも触れたように、**株価を冷静に見るための基準の数値（指数）について、分かりやすくご説明**します。この基準さえ押さえておけば、日経平均の株価は、誰でも予測ができるのです。それは、魔法でも何でもありません。

第4章は第3章をさらに深掘りしていき、**投資に役立つ「指標」を図とともに詳しく解説していきます**。

第5章では、新NISAを含めて、**NISAの上手な始め方と終わり方**について、年代別にたっぷりと見ていきたいと思います。周囲の動きに心乱されずに、冷静に投資して資産形成をしていくためには、NISAはやはり、比較的堅実な方法です。

第6章では、さらに一歩進んで、個別の株式投資をする前に、**押さえておくべき専門的な見方**をご紹介します。東京証券取引所に上場するプライム銘柄の33業種、大型株・中型株・小型株とは何か、割安株の意味などを解説します。

第7章では、これだけ押さえておけば、**投資とその成功に役立つ「キーワード」や「基礎知識」**を徹底的に図解します。

第8章では、景気を見るための4つの大きな指標と1つの図をご紹介いたします。いわゆるマクロ経済を見ることによって、日々の株価の値動きを、俯瞰した視点で見ることができます。それは、冷静な目で見ることに直結します。また少し視線を変えて、**企業にとってのIR活動が、これまで以上に重要な存在になること**を具体的な事例を交えて語ります。逆に言えば、IR活動がうまくいっている会社は、株価も上がる可能性が高い、ということが言えるのです。

投資をすることで人生の何が変わるのか

投資をすることで、人類の発明品の恩恵を受けることができます。人類の発明によって、私たちの生活は豊かになりました。例えば、発明というと機関車、電気、インターネット、パソコン、携帯電話などさまざまなものが挙げられます。そして、人間が作り出した「仕組み」も「発明」です。人間が作り出した世の中の仕組みを理解すると非常に面白い。実は、**仕組みを理解している人としていない人では、受けられる恩恵に差が出ます**。インターネットやパソコンを使いこなせる人とそうでない人には、情報の格差が生まれます。それが、所得格差にもつながるのです。

同じように、株式投資という「仕組み」を自分の手にしている人とそうでない人では、やはり格差が生まれます。後述しますが、アメリカの家計の金融資産と日本の家計の金融資産で差が生まれた理由の1つに「投資をしているか、していないか」があります。

なぜ、同じ人間の中で「差」が生まれるのか。**格差なんてないほうがいいですよね。でも格差は生まれてしまいます。生まれ育つ環境に大きく影響を受けますが。環境とは何かと考えると、結局は正しい情報や知識を早い段階で得られるかどうかということです。**

正しい情報を得られたうえで、どう正しい方向に行動し続けるか。この積み重ねが年月を重ねると格差につながります。自分の人生にとって、有利になる情報は積極的に身につけたいですよね。

金融を虚像だと言い切り、金融に近づかない選択をしている人ほど、結局、世の全体像や意志決定過程の本質を理解することが難しいと思います。情緒的に目先の情報に囚われて人生を過ごしているようにも感じます。

金融に触れると、自分のことなど小さな存在であると思い知ります。ちっぽけであることを知ると、そこから謙虚さが生まれ、世の中の大きな流れを見るようになります。実体経済の美徳を知りながらも、金融の仕組みを生活の中に内包する。そうして「人生における静けさ（平穏）」を手に入れることができるのではないでしょうか。

私は、世の中の仕組みや真理の答えは、金融市場・株式投資にあることが多いと思っています。だから、世の中をフラットに見ることは、自分自身をフラットに見ることでもあると思います。

私は、私自身の短い相場人生を振り返ってみても、**投資は欲深い者だけが謳歌するものではなく、人を成長させてくれるもの**だと思っています。ときに、金融業界の傲慢さに焦点が当たってきた歴史もあります。しかし、**本質的には謙虚さを教えてくれる場所でもあります。謙虚さは、人を学びに駆り立て、成長させてくれます。**

本書を通じて読者の皆さんが、経済的にも、そして精神的にも自由を得られることが、何よりの願いです。

第1章
いま日本は転換点にある

デフレ30年の正体

日本は約30年という長い期間、デフレの中にいました。デフレはデフレーション（deflation）を略した言葉で、物価が下落する状態を指します。デフレは、需要より供給が過多になると起きます。滞った需要を促進するために価格を下げる現象が続くため、消費者としてはありがたいですが、国や企業の収益は悪化し、従業員の所得が増えず、消費者は買い控えをするというデフレスパイラルに陥ります。

反対に、物価が上昇する状態をインフレーション（inflation）、略してインフレと言います。需要が供給を上回り、価格が上昇する状態を指します。物価が上がるほど同じ商品に支払う金額が高くなるため、相対的に見ると、通貨の価値は下がったことになります。

では、日本はなぜ30年もの間デフレから脱却できなかったのでしょうか。それは、

日本人の「信用できるのは人よりも金」「金さえあればなんとかなる」という『貨幣愛』が原因の1つだと、私は考えています。現に、世界の貯蓄額を見ても、日本人の貯蓄額が群を抜いていることがその証しと言えるでしょう。

なぜ日本人が『貨幣愛』の呪縛から逃れられなかったのか。それは、1986年から91年頃まで続いたバブル経済とその崩壊に起因しています。バブル経済とは、不動産や株式などの資産価格が実際の経済成長以上の期待値で推移した結果、投機では支えきれなくなって価値が崩壊し、なくなってしまう状態を言います。中身がなくすぐに消えてしまう状態がバブル（泡）と似ていることから、バブル経済と呼ばれるようになりました。

バブルの崩壊を経験した日本人にはいつしか、消費や投資への恐怖心が芽生え、地に足を付けた慎ましい生きかたを選ぶようになりました。ある日、億単位の持ち株が紙切れ同然になったり、所有地の価値が暴落したり、貯金していた銀行が倒産したり……国はもちろん、会社も人も信用できない。持つべきものは親友より現金。現金だけは裏切らない、そんなマインドになってしまったのでしょう。

こうした状態が及ぼす結果について、イギリスの経済学者であるジョン・メイナード・ケインズは「合成の誤謬《ごびゅう》」という用語で説明しています。「ミクロの視点では正しいことも、それが合成されたマクロの世界でも正しい結果になるとは限らない」という意味で、日本経済に当てはめると、個人が現金を大事にして手元の資金を確保すれば安心である一方、経済は収縮し、最終的に個人が締めつけられるということです。

それでも日本は意外とお金持ち

Ｇ７（先進7か国。アメリカ・イギリス・ドイツ・フランス・日本・カナダ・イタリア）や北欧諸国の実質賃金の推移を１９９５年から見てみると、日本企業が人にお金を払ってこなかったことが分かります。

他国を見ると、経済成長にあわせて賃金を上げています。日本は95年からずっと物価が上がっておらず、賃金も上がらないので、物の値段も上げられていません。

実質賃金（マンアワーベース）の国際比較

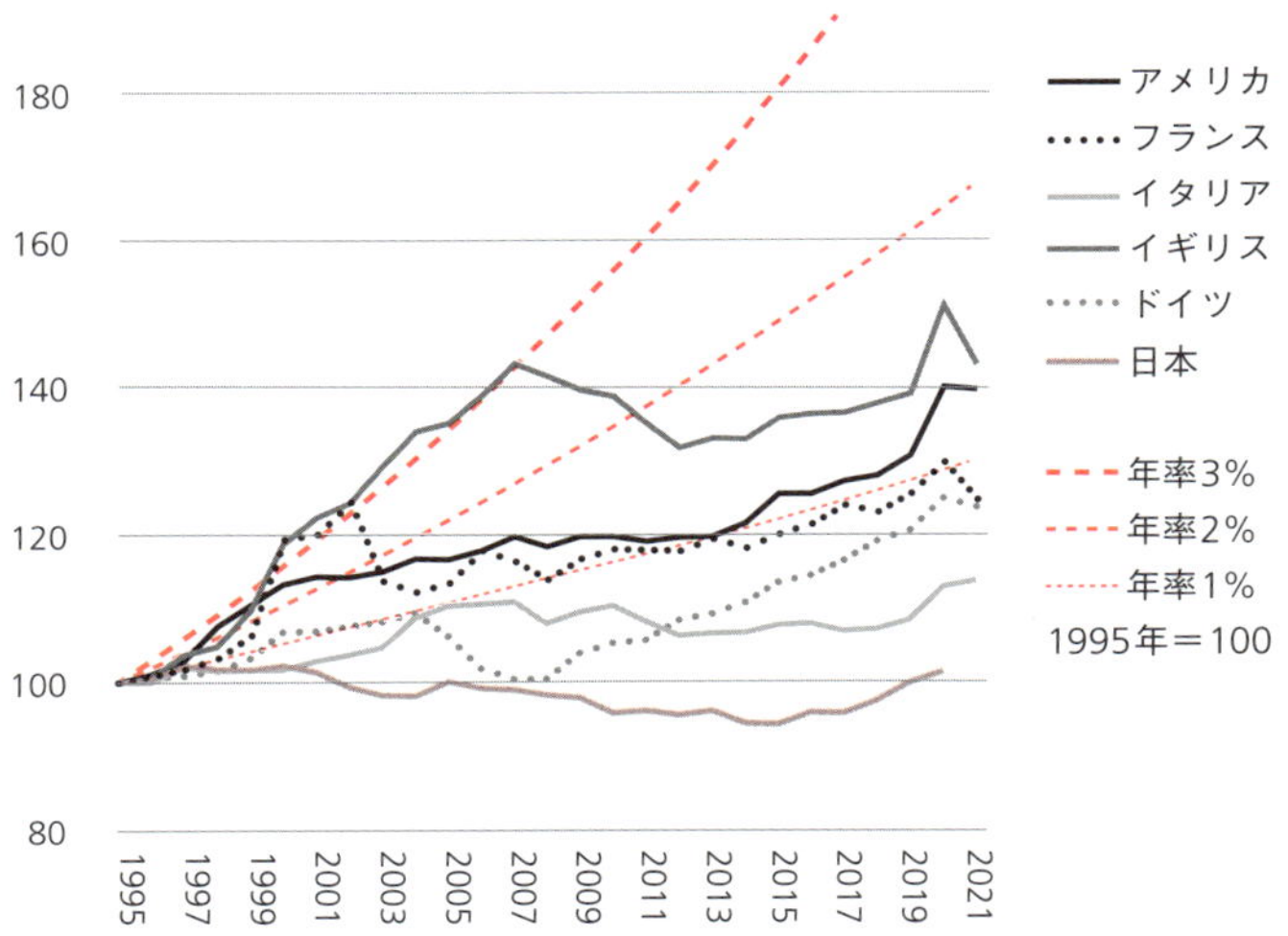

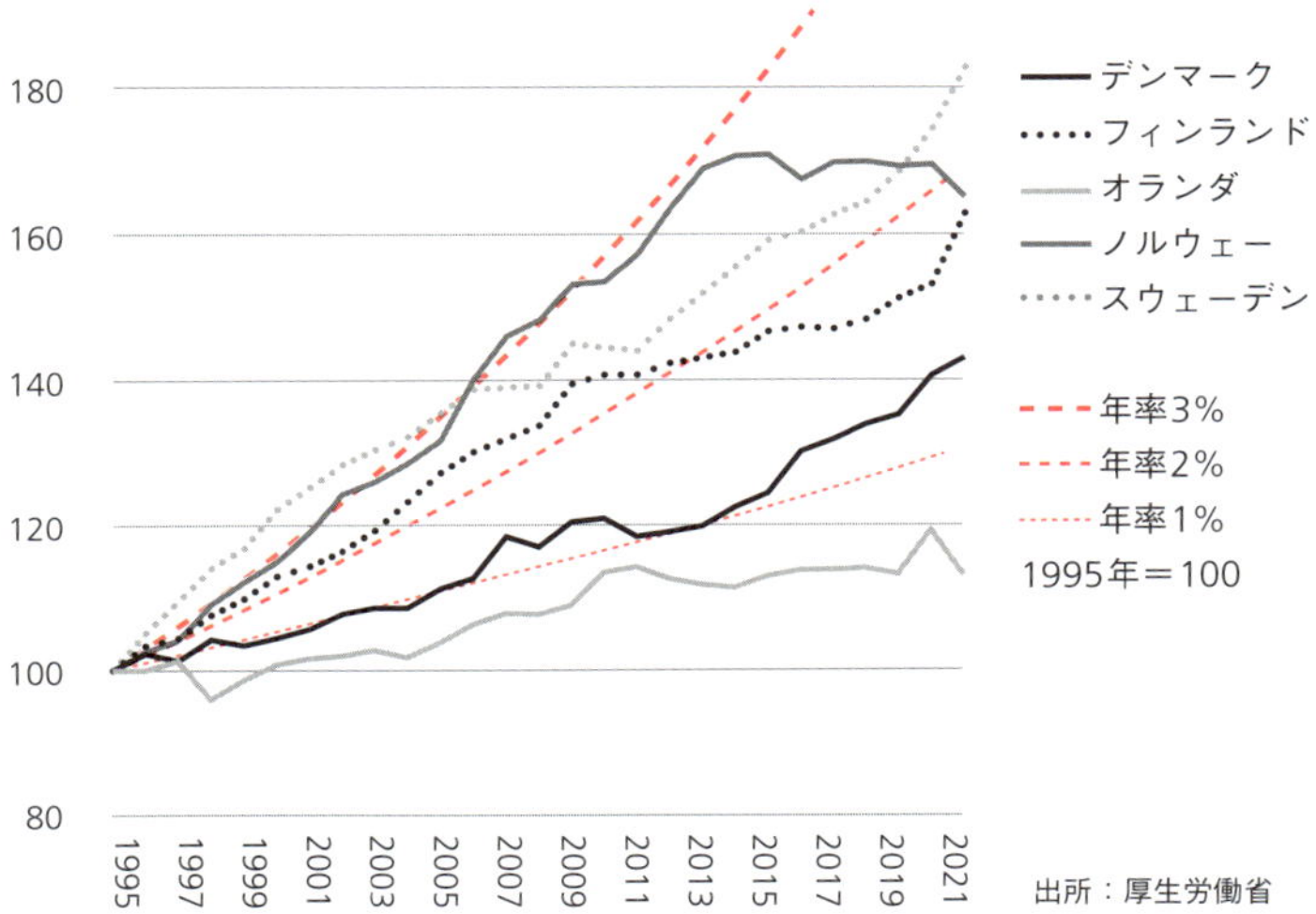

出所：厚生労働省

むしろ価格が安くなっていく、そういう社会でした。一方の米国は、同じ期間で賃金も物価も大幅に上がっています。世界と比較すると、日本がいかに経済成長してこなかったかが分かります。

でも、こうみえて日本は意外とお金持ちなのです。

財務省の『法人企業統計調査』*を見ると、バブル崩壊から30年間、金融保険業を除く法人企業の売上は１５００兆円前後で停滞していて、給与支給総額は１５０兆円と、ほとんど変化がありません。一方、経常利益はバブル絶頂期の40兆円からいったん20兆円に半減するものの、その後は長期的な上昇トレンドが続き、コロナ禍の前には80兆円まで増加しています。つまり、**利益を出せる体質になっているということです。それにもかかわらず、生んだ利益を運用せずに、現金で持っている**のです。

一部の上場企業は、投資家からの圧力もあって3分の1程度を配当金にしていますが、有望な投資先は見つけられないまま現預貯金を約３００兆円まで溜め込んでしまったことが、数字から見て取れます。**配当金は上がっているのに、いちばん大切な給与は１５０兆円で横ばい。このことから、企業は利益を出せる体質になったにもかかわらず、賃金に反映してこなかった**ことが分かります。

「貨幣愛」にみるデフレ
〜ゼロインフレの「ノルム」から脱却〜
(1960〜2022年)法人企業統計 売上高、現金、給与、経常利益、配当

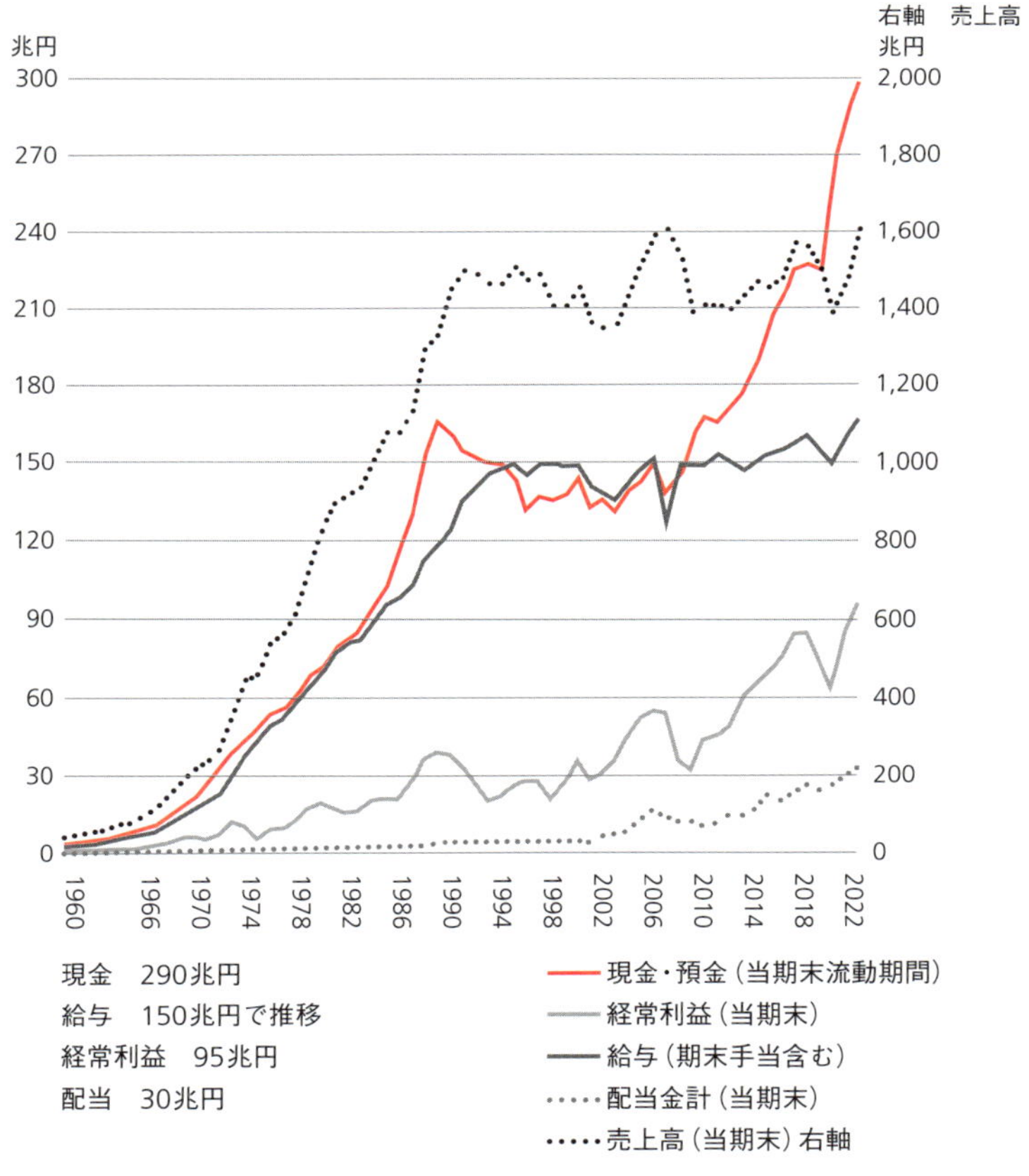

バブル崩壊から30年間、金融保険業を除く法人企業の売上げが1500兆円前後で停滞、給与支給総額も150兆円で推移。一方、稼ぐ力は高まり、経常利益はバブル絶頂期の40兆円からいったん半減するもその後は長期的に上昇し95兆円まで増加。配当は経常利益の1/3が使われている。企業は有望な成長投資先を見つけることができず現預貯金（290兆円）が急速に積みあがっている。

出所：財務省 法人企業統計調査より作成

そのため、消費は弱い状態が続き、個人がなかなかお金を使わない。給料が上がらないから、消費せずに貯め込む一方。そういうスパイラルに入りました。また、企業の内部留保（社内の蓄え）も、現在は６００兆円を超えています。バブル経済の崩壊以降、多くの企業が倒産し、リーマンショックも経験しました。何かあったときのため、とにかく現金を手元に置いておきたい、そんな考えから現金を積み上げてきたのでしょう。

ただ、コロナ禍のときは内部留保が功を奏し、倒産やリストラを最低限に食い止めることができました。そしてコロナ禍が過ぎ、世界のめざましい経済成長を目の当たりにした日本人は、ようやく「このままではいけない」と気づきはじめました。これまで日本より賃金が安かった国も日本と同等かそれ以上になり、日本も追いつけ追い越せムードになってきましたし、消費者も値上げを受け入れる心の準備ができてきたように感じます。

日本はデフレから脱却したのか

日本が２０１３年から始めた、資金供給量を増やしてデフレ脱却を目指す「異次元の金融緩和」は、10年たったいま、ようやく効果が出てきた感じがあります。国は金融正常化に向けてすでに舵を切り始めた様子ですが、**個人的にはデフレから完全に抜け出してからでも、遅くないと思います。例えば、連続的な利上げなどは、慎重に行うべきです。**どんなに金融緩和しても、マイナス金利を導入しても30年間びくともしなかった状態で、少し変化の兆しが見えたレベルで引き締め政策を始めるのは時期尚早だと思うからです。

米国と日本の金利の推移で詳しく説明します。バブル経済が崩壊した１９９０年頃から日本の金利は下がり続け、やがてゼロ金利になり、２０１６年にはついにマイナス金利を導入しましたが、それでも日本の経済は浮揚しませんでした。ある程

米国と日本の金利推移
米国FFレート・日本無担保コールレート

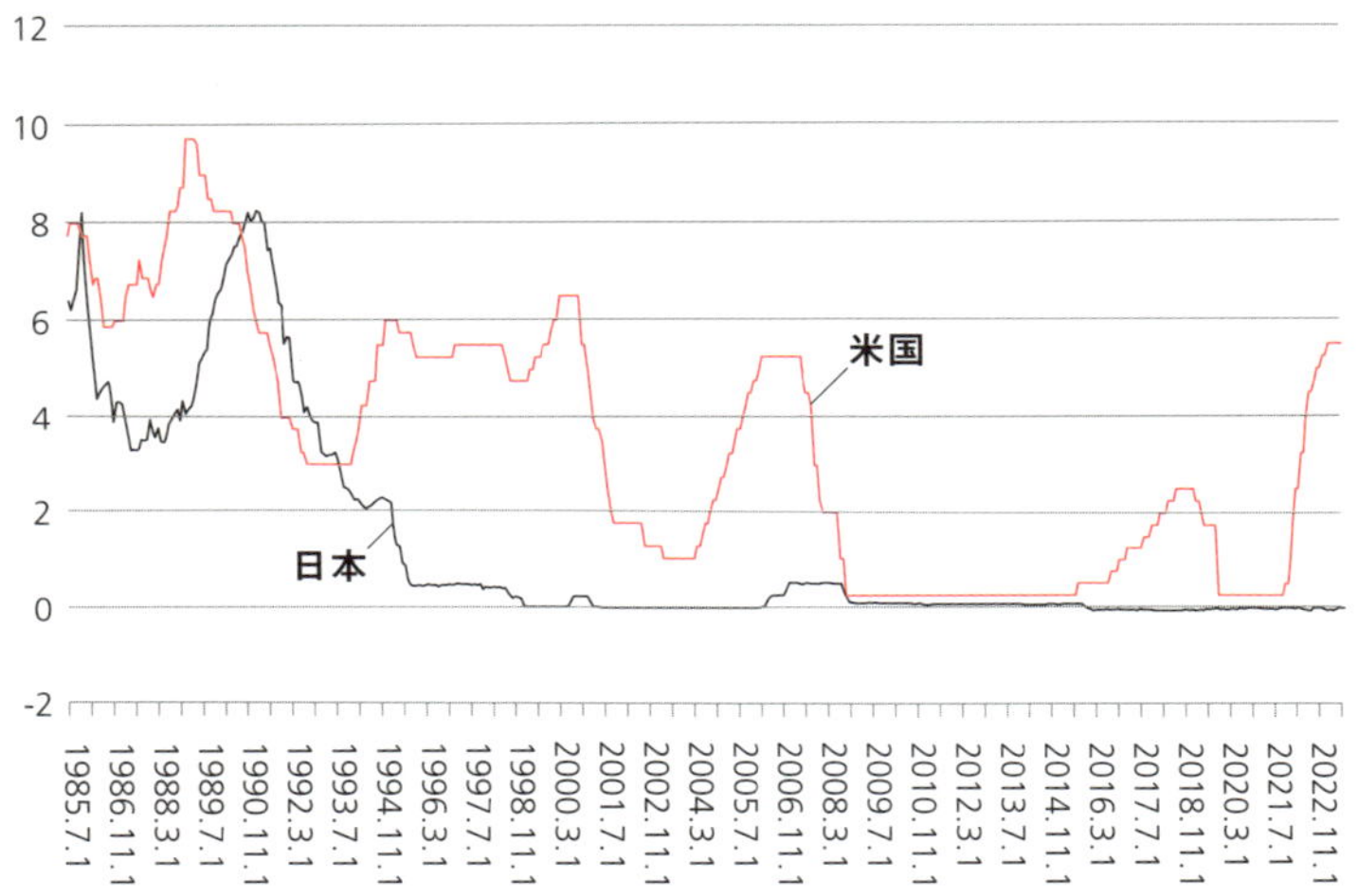

出所：日本金融経済研究所作成

度の効果はあったものの、浮揚といえる値まではいかず、かといって減税もできませんでした。24年にマイナス金利を解除して通常に戻りましたが、マイナス金利を止めただけでは脱却にはなりません。これからどんどん金利が引き上げられるかというと、おそらくできません。賃金も上がっていないのに、いま金利を2％にするのは現実的ではないでしょう。

金融政策用語に「ビハインド・ザ・カーブ（behind the curve）」という言葉があります。「後手に回る」という意味があり、**デフレのカーブを曲がり切ってしまって、インフレに触れた辺りから金利政策を始めても遅くないという考えかた**

で、主に景気回復の局面で使われます。ですが、日本人は心配性なので、カーブが見えてきたうちから金利を引き上げる話をしてしまう。だから、うまく経済が浮揚しないのだと思います。

バブル期と同じ相場のなぜ

２０２４年前半、日経平均株価は１９８９年の３万８９００円を超えて、４万円超えを記録しました。89年といえばバブル期ですが、今回の相場はバブルとは異なります。

第３章で詳しくご説明しますが、株価は、日経平均の１株当たり利益と投資家の期待値で決まります。**１株の利益に70倍の期待値がついたものが、バブル当時の株価でした。一方、24年の株価の期待値は17・5倍です。**バブルの頃は、実際の経済

日経平均、フェーズが変わっている
過去のバブルとは比較できない

出所：日本金融経済研究所作成

日経平均、フェーズが変わっている
利益を伴う株価上昇

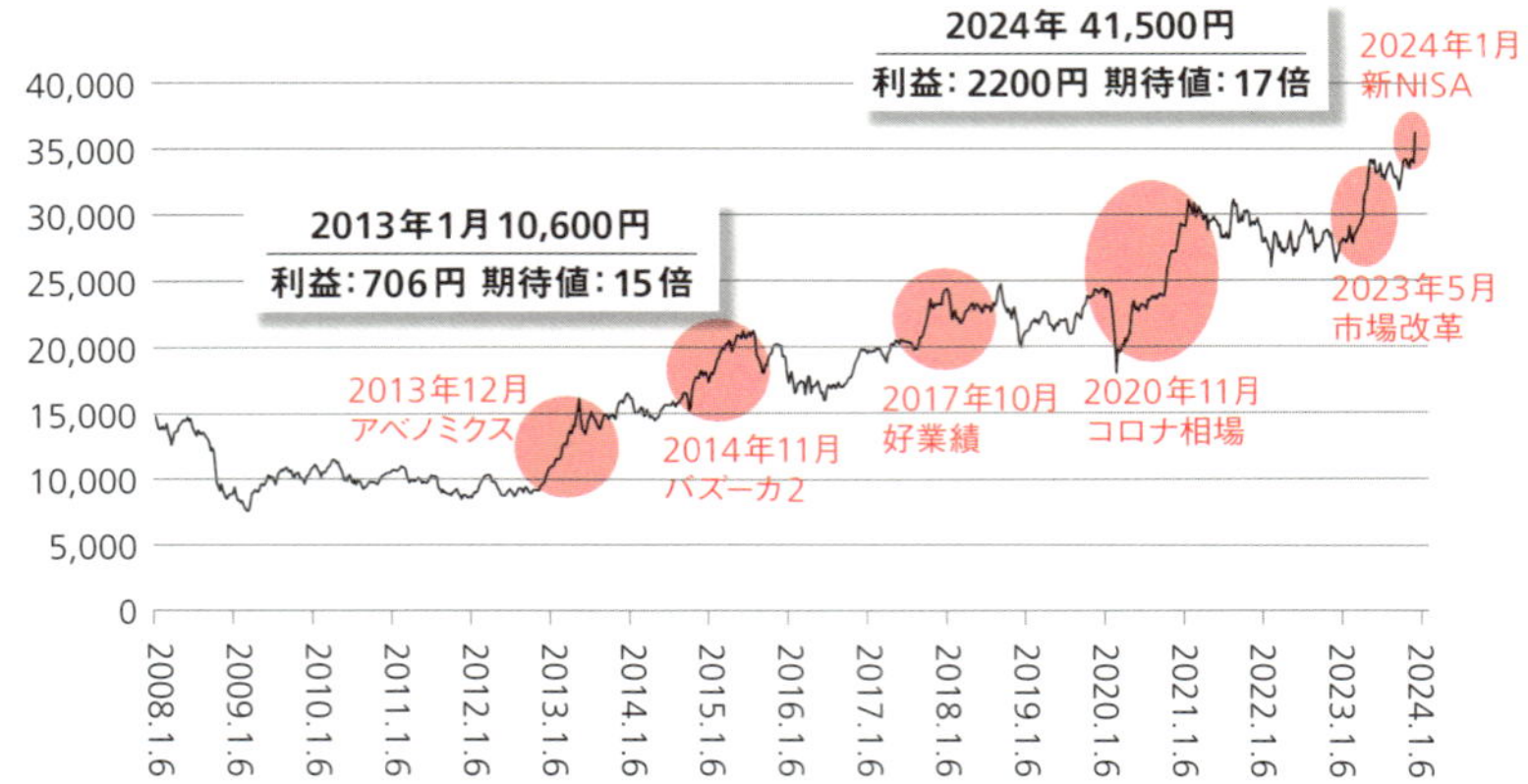

出所：日本金融経済研究所作成

と株価がかけ離れていたことが分かります。

アベノミクス以降の株価の推移を見ると、13年12月にアベノミクスが立ち上がって以降、1万円から4万円まで上がりました。17年は好業績相場、コロナ禍は金融緩和で伸びました。23年5月は市場改革があり、上場企業の経営情報開示が強化されました。それぞれに、伸びた理由があります。

13年以降の投資家の期待値は、11倍から15倍の範囲で収まっています。高くても16倍です。24年に17・5倍をつけましたが、17・5倍は行きすぎ感があったので、いったん大きく調整しました。**ただ、利益に注目です。13年の日経平均の1株当たり利益が706円で、24年5月現在は2200円。利益が3倍になっています。**これは、期待値でふくれ上がった数字ではなく、上場企業が利益をつくれる体質になったことを意味します。

投資をする際に見ていただきたいのは、利益です。1株当たりの利益が成長していけば、日経平均はまだ上がります。利益は、嘘をつけない数字です。今後も上昇すれば5年後や10年後に株価が4万円以上になる可能性はありますし、期待値が20倍以上になると、過熱感が出てきます。

これからインフレに転じていけば、資産を現金ではなく株などの投資で形成したい人が増えるでしょう。24年に始まった新ＮＩＳＡが後押しとなり、ようやく日本も国民全体の投資意識が高まってきた感があります。それを表したものが、日銀のＥＴＦの介入です。**ＥＴＦは金融商品取引所で取引される投資信託をいい、10年から日銀（日本銀行）が日本株を買って相場を押し上げてきた歴史があります。**これぐらいしなければ、誰も日本株を買わないレベルにまで低迷したからです。

アベノミクス以降の株価の上昇とＥＴＦの買いを重ねると納得できるでしょう。ＥＴＦをはじめ、アベノミクスが始まって、年間１兆円買い続け、15年に年間２・８兆円を買い、16年には４・５兆円という風に買い続け、コロナ禍で年間７兆円以上を買いました。これが、日経平均の上昇相場を支えてきたのです。１日数％の下落があると買い足していくこの状態を察知した人が、マーケットに入ってきて利益を得て、億トレーダーになったわけです。

日本は現在、ＥＴＦで合計37兆円購入しています。利益は24年２月時点で34兆円。バブル期以降の高値を更新したことから、介入の効果が現れたとみなし、国のＥＴ

日銀によるETFなどの買い入れ年間合計推移

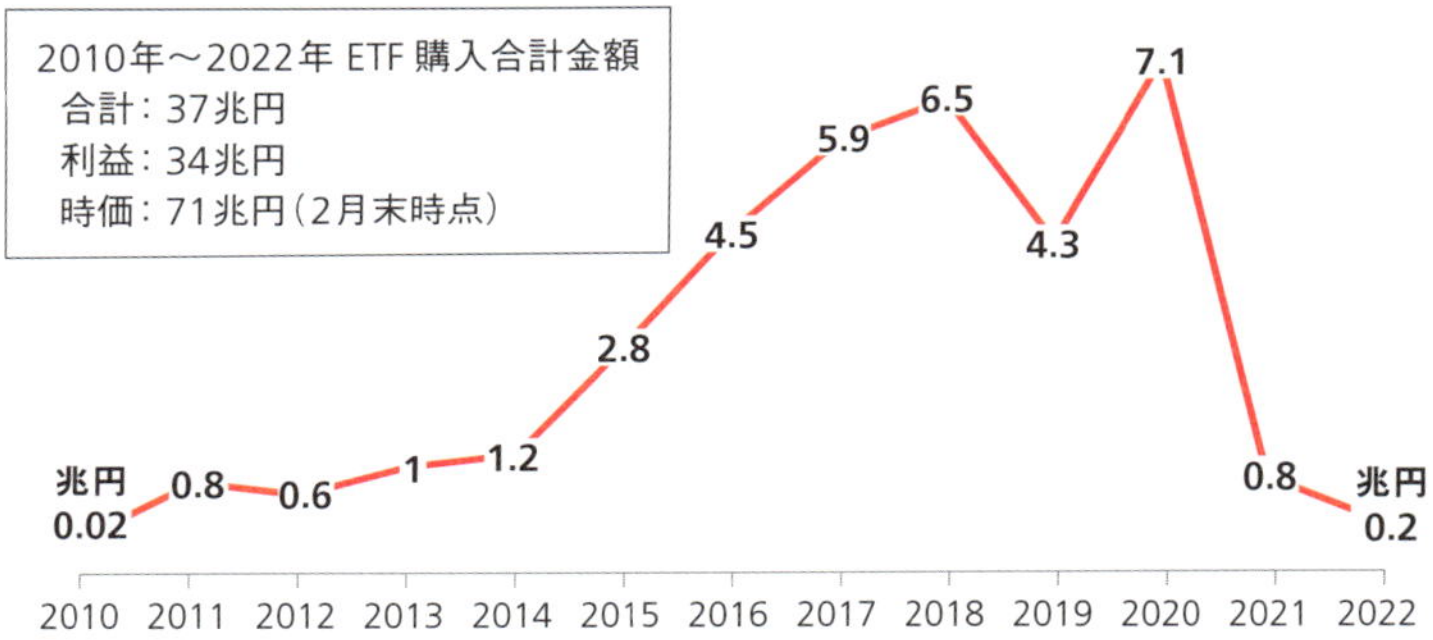

出所：日本金融経済研究所作成

F介入は24年3月に終了しました。これにより、異次元の金融緩和と呼ばれた国の施策は終わりました。ここからは、自分たちの足で歩きましょうということです。

デフレ脱却の定義

　では、何をもってデフレ脱却かについて説明します。日本の潜在成長率は、約0・7〜1％です。潜在成長率よりも低い短期金利であれば、緩和的な金利と言えます。いまの短期金利は0・25％で、1％まで距離があるので、緩和的です。反対に、潜在

成長率を上回る金利をつけた場合は、締めつけて冷やしているということになります。

ここでデフレ脱却宣言をしてインフレ社会に入るということは、潜在成長率よりも高い金利をつけてもいいですよねという意思表示になります。日銀が目指すインフレ率2％に届いたといつ宣言するのか。デフレ脱却宣言をすると、本格的に金利のある世界に入りますという合図です。ただ、国民がついていけるかは心配が残ります。なぜならば、実質賃金が少々プラスになったとしても、社会保障や税金を引いた可処分所得は減少しているからです。最後は、時の政権が、国民の可処分所得を増やし、安心して生活できる国づくりをするのか。今後の動きに注目です。

日銀は2013年から「異次元の金融緩和」を始め、インフレ率2％を目標にしてきました。インフレ率が2％になるまでは金融緩和と財政出動をし、インフレ率が2％を超えたら、金利の引き締めと緊縮財政に転じる予定です。インフレ率を安定して2％にする目標は、約10年間にわたり達成できていません。**これに対する批判の声はとても多いですが、達成した先に待っている世界を考えると、安易な批判はできないと私は思います。**

日本の短期金利の見通し

中立金利よりも短期金利が低ければ緩和的な状況だが、日銀は中立金利が何%かは結論を出していない。そのため現段階で分かっている「日本の潜在成長率」を用いて短期金利のターゲットであるターミナルレートを予想することになる。

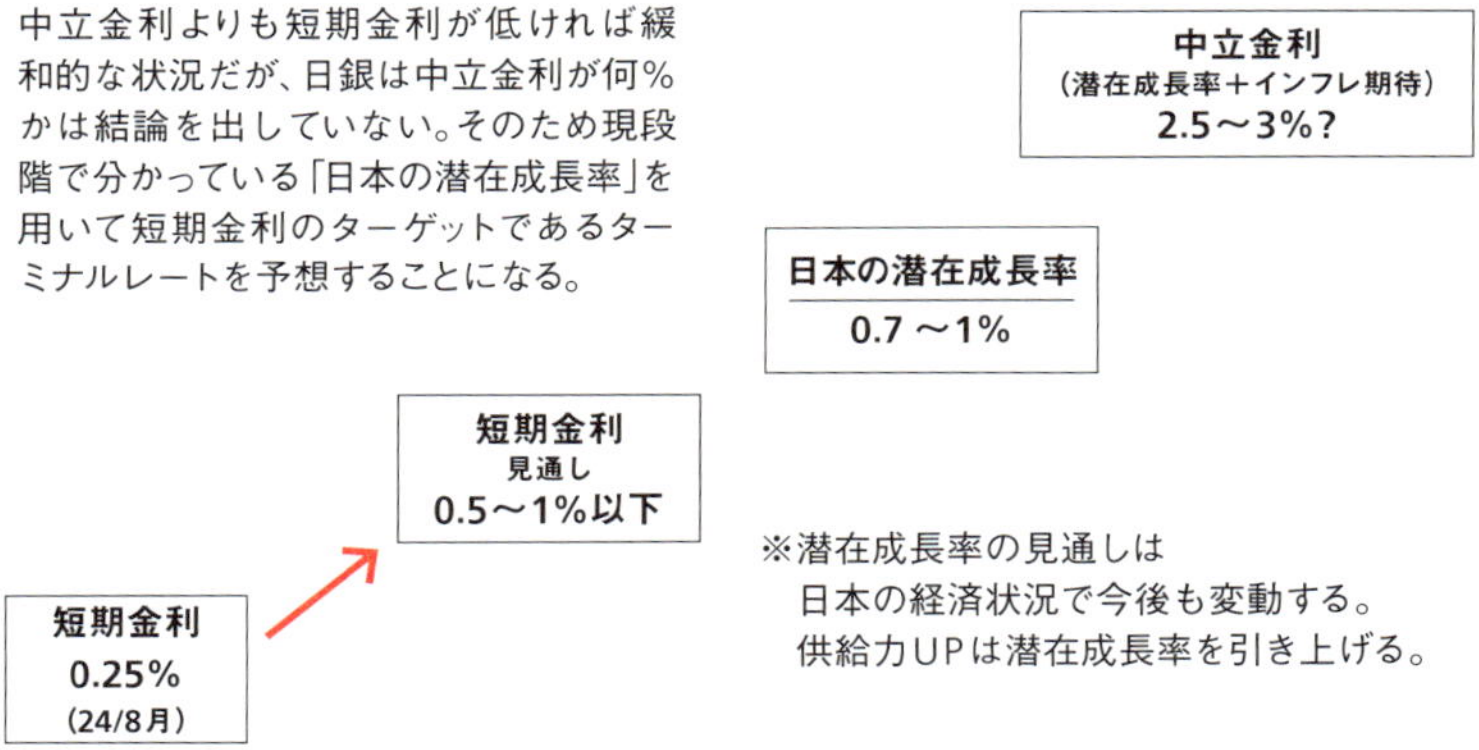

※潜在成長率の見通しは
日本の経済状況で今後も変動する。
供給力UPは潜在成長率を引き上げる。

出所：日本金融経済研究所作成

また、国内の需要と供給のギャップにも注目する必要があります。基本的に、需要が低いとマイナス状態です。日本全体の「買いたい気分」を底上げするには、需要の喚起が必要です。だから国は財政出動を続け、やっといま、需要と供給がほぼイコールぐらいになってデフレ脱却に近づいてきました。

ところが、経済学者の中には、供給よりも需要が上回っている状況がプラス2%ぐらいまで行ったところまで緩和的な状況が続いたほうがいいという考え方もあります。日本はいま0%になりましたが、実際にはあまり高揚感はありませんよね。

デフレが長引いた日本においては、0%ではなく2%ぐらい上回るまでは、緩和的な状態のほうが得策ではないかという考えです。**私も、国民がインフレを実感し、高揚感を覚えるようになって初めて、手元の資金を増やしたい、投資を始めたいという気持ちになるのだと思います。**

インフレになれば投資は欠かせない

そしてインフレになれば、投資は欠かせなくなります。米国では、現金預金より投資に回す額のほうが大きいです。現に米国民が先に投資で結果を出してきたので、日本人も追随しやすいでしょう。日本人はデフレの中で生活をしてきて、ファストフードや100円均一ショップなどの企業努力によって、あまり困らずに今日まで暮らしてきましたが、ふと海外へ目をやると、インフレが進み、人々の給料が増え、多くの国民が投資にお金を回している現実に、やっと気づいてきました。

利上げ・増税について

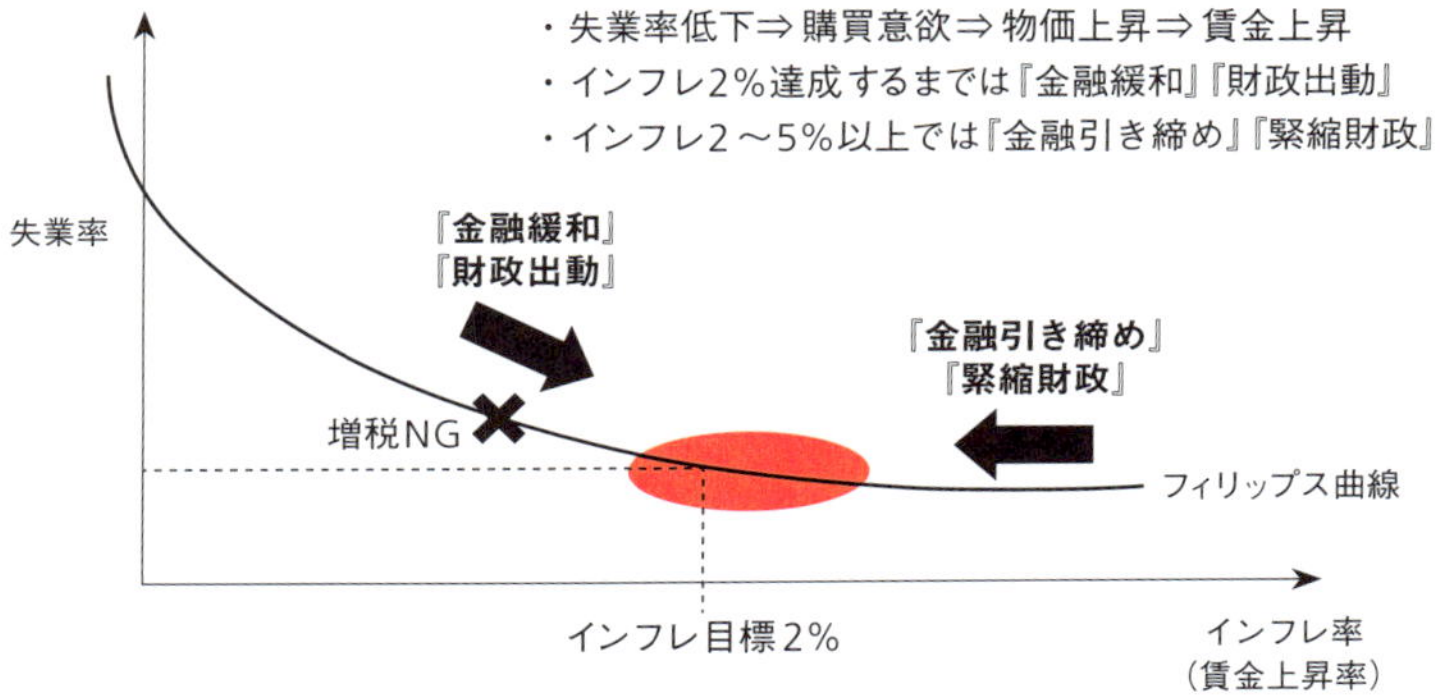

出所：日本金融経済研究所作成

そこに新NISAが登場し、いよいよ日本国民も投資に本腰を入れる時代に入ったのです。投資の手順も、昔に比べるとかなり整備されて始めやすくなり、ある程度までは誰でも指数で資産形成できる環境が整っています。

投資をする上では、ニューヨークダウ（米国株価指数）のチェックも欠かせません。ニューヨークダウは、1929年の世界大恐慌で株価が83%下落し、立ちあがるまでに15年かかりました。未曽有の出来事に、打つ手が分からない状態だったのです。

その後、**2000年にITバブルが崩壊しましたが、このときは45%安にとどまり、6年で立ち直りました。この経験はコロナ**

禍で活かされ、38%下げたものの1年で復活し、さらに高値を更新しました。08年のリーマンショックが50%安で、立ち上がりまで4年でした。

これらの結果は、金融緩和や財政出動などやるべきことを歴史から学んで実践したことで生まれたものと思います。つまり、**経済の歴史を知ることは、未来の経済の動きを読む力を養うことにつながる**のです。経済学と株式投資は別々に語られることが多く、紐づいた説明をあまり見かけませんが、実は紐づけて考えることで、投資のセンスは格段に磨かれ、堅実に続けられるようになると思います。

＊資本金5億円以上の企業は全数、それ未満の企業は等確立系統抽出された企業が調査対象（2024年9月現在）

第2章
経済学派の歴史と金融市場

株式投資は経済学派を知ることから始まる

　これまで、株式の動きは、さまざまな経済学者たちの考えに基づいていまの状態が形成されてきました。過去にいろいろな経済の危機があり、そのたびに、経済学のいろいろな学派の理論に基づいて講じられ、経済がまた立ち上がり、その歴史の積み重ねの中に、今日の経済が成り立っています。

　ところが、不思議なことに、これまで特に日本では、経済学と実体経済の株式市場を結びつけて考えるということが、あまりされていないように感じます。実際に株式市場の中にいて、ときとして、そのことを感じていました。

　経済学の世界は、株式市場をあまり語らないですし、株式市場はあまり経済学を理解しようとしていないように思います。

　病気療養のために2か月の休みを取っている間に、このことを考えていました。

職場に復帰したときには、まず、そのことをやってみたいと思いました。**経済学派の流れと実体経済の株式市場を結びつけて考えていく**ということをやってみたい、そのためにはいい機会だと思ったのです。

誰もやっていないのなら、自分がやってみようと思ったのです。そして、この休暇中に、あらためて世界の経済学派の歴史を辿ってみました。この章では、現在までの経済学派の流れと経済の実態の推移との関係を、私が知る限りの知識でお伝えしたいと思います。

「経済学の父」アダム・スミス

経済学者のパイオニアとして登場したのは、１７７６年に「自由な経済活動が国家の発展につながる」という『国富論』を著して諸国民の富を説いた、「経済学の父」と称されるイギリス人のアダム・スミスです。

それ以前は、世界は王政の時代です。王様が絶対の時代から、もっと自由に市場経済を進めようと提唱したのです。

「経済に国は関与せず、自由な市場経済を展開する」と自由競争を提唱し、「経済政策は統制や介入を極力排除して市場原理に任せるべきである。市場は、需要と供給の関係で価格が自動的に決まる市場原理『見えざる手』によって自ずと調整される」と主張しました。この考えかたはイギリス産業革命を支え、その後の資本主義経済の発展に寄与しました。

イギリスの産業革命は、1760年頃から1840年頃までと言われています。そしてその後19世紀半ばから20世紀初頭まで発展を続けていた資本主義経済に、最初の大きな試練が訪れたのは、1929年の世界恐慌でした。これは、自由主義が高じた結果、引き起こされたものだと言えるのです。

しかし、このとき、**アダム・スミスを祖とする古典派経済学派は、恐慌を収束させるために有効な経済政策をまったく提示できなかった**のです。古典派経済学では説明がつかない大量の失業が長期化しました。

古典派経済学派は、なぜ不況が長引き、恐慌が起きているのかを説明できなかっ

金融財政政策は経済学派の影響を色濃く受ける

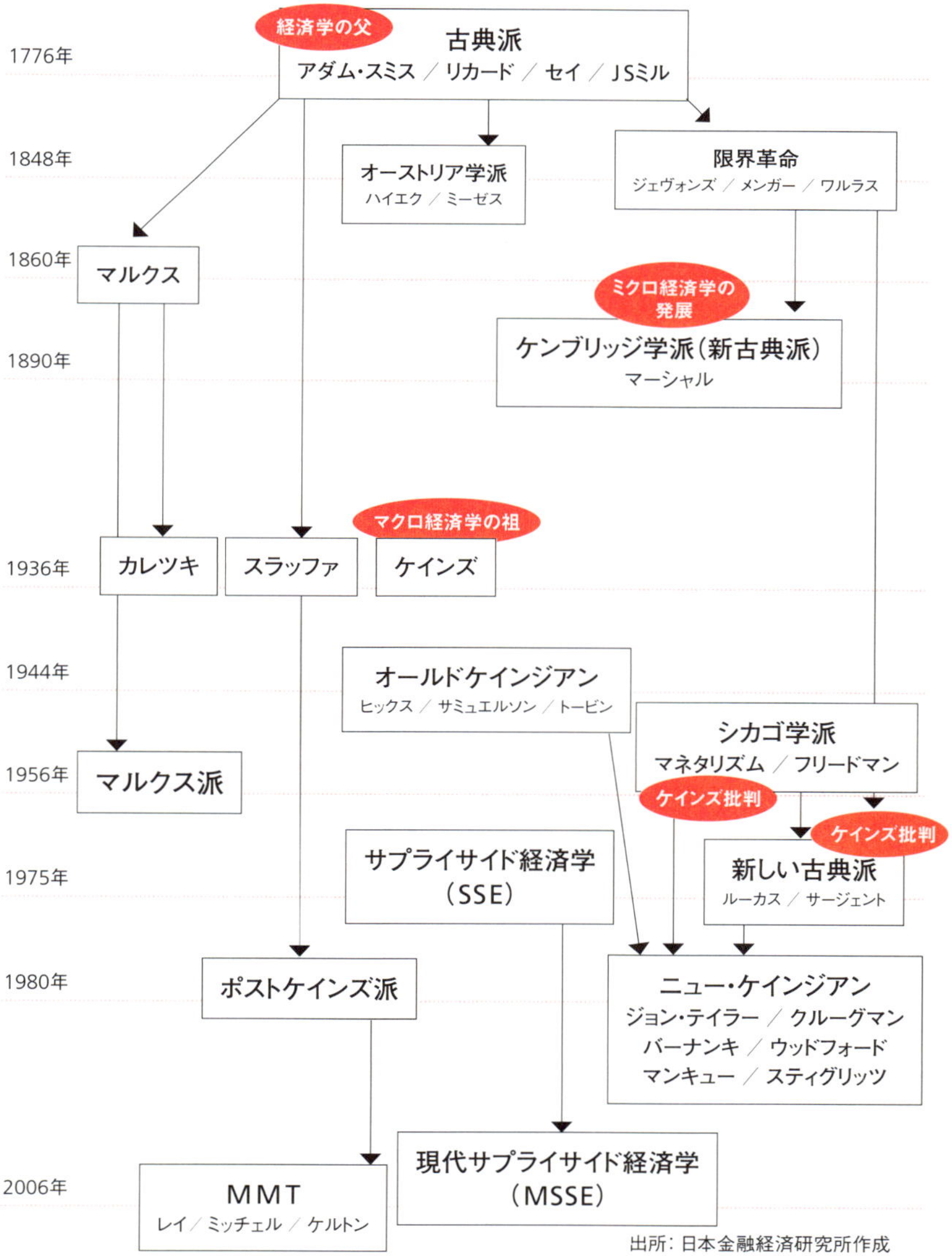

出所：日本金融経済研究所作成

たことから、「もはや、アダム・スミスではない。自由にやらせているだけで、この苦境は解決できない」と、信頼を失っていきました。

ケインズの登場

こうした中、出てきたのが、ジョン・メイナード・ケインズです。
ケインズの打ち立てた理論は今の経済学にも大きな影響を与えているのですが、彼は、１９３６年に発表した『雇用と利子とお金の一般理論』という著書の中で、不況のときの財政政策の重要性を説きました。

ケインズは、「経済全体の景気の変動は投資によって決まる」という思想のもとに、**「市場経済は本質的に不安定性を持っている。それを安定させるために、『財政金融政策』『介入主義的政策』といった国による投資が重要である」と論じました。**

この考えかたが、今日の「マクロ経済」の元になりました。

少し前の1931年から33年にかけて、イギリスとアメリカは当時世界の通貨の相場の基準となっていた金本位制を離脱して、拡張的な金融政策に移行していきました。また、33年から39年にかけてルーズベルト大統領が行った「ニューディール政策」は、まさに国が公共事業を興して、景気を回復させる投資、介入主義的政策で経済危機を克服しようという取り組みでした。**ルーズベルト大統領のもと、ニューディール政策では、巨大なダムや橋を建設するなどの公共事業を行い、これによって失業者が減っていきました。**

さらに、39年の9月には、第二次世界大戦が始まり、ニューディール政策に加え、第二次世界大戦という巨大な公共事業が生まれたことで、失業者は大幅に減少しました。これにより、ケインズ理論はその有効性が認められ、信頼を勝ち得ました。

金本位制からニクソンショックへ

第二次世界大戦中の44年、国際決算手段の新たな制度として、ブレトン・ウッズ体制という制度が生まれました。これは、戦後の復興に欠かせない貿易の円滑な発展のための決済システムを作ろうというものでした。

ブレトン・ウッズ体制は、基本的には、戦前の金を国際決済手段とする金本位制への回帰を主体とする制度ですが、過去と異なる点は、**各国通貨と米ドルの交換比率を固定し、ドルだけが金と交換比率を固定するという、ドルを間に挟んだ金本位制**で、金・ドル本位制と呼ばれました。

60年代にベトナム戦争が激化すると、米国の貿易赤字が拡大していきました。すると諸外国は、ドルを売って金に変え、自国のものにしていきました。その結果、米国が保有する金は減少しました。国富としての金がどんどんなくなっていくこと

に危機を感じた当時の**ニクソン大統領は、71年8月にドルと金の交換停止を決定し、宣言します。いわゆるニクソンショックです。**

その結果、70年代に入ると、景気は停滞しているのにインフレで物価は高くなるという「スタグフレーション」が、世界経済に起こります。もはや、ケインズ政策は機能せず、ケインズの理論では経済が浮揚しないという風潮に、経済学者たちの論調は変わっていきました。

フリードマンの新自由主義

ここで登場した考えかたが、貨幣の供給量で経済の値も変化すると説くマネタリズムです。ミルトン・フリードマンら新自由主義の人たちが提唱しました。

公共事業など、政府が市場に介入することで経済はうまくいくと主張したケインズ。そのケインズの理論を批判し、再び自由主義に光を当てたのが、アメリカの経済学者ミルトン・フリードマンです。彼はシカゴ大学の教授として、多くの経済学者を育てました。彼とその弟子たちは「シカゴ学派」と呼ばれ、政治に強い影響力を持つことになります。

フリードマンは「新自由主義」の旗手と言われています。**アダム・スミスの自由放任の考えかたをさらに徹底的に推し進めたのがフリードマンでした。**人間にとって自由に行動することが最もすばらしいという原点に戻った考えかたです。**このような人のことを「リバタリアン」とも言います。**

レーガノミクスとマネタリズム

新自由主義は、アメリカではとりわけ共和党の政策に大きな影響力を持っており、歴代の大統領にとっての知恵袋となっています。１９８１年にはロナルド・レーガンが大統領に就任し、福祉予算の削減、企業減税、規制緩和などを行いました。

市場原理を重視したレーガンの経済政策はレーガノミクスと呼ばれました。日本では、当時の中曽根政権がそれまで行政が行ってきた事業を次々と民営化し、NTTや日本たばこ産業などを設立しました。小泉純一郎政権の郵政民営化も新自由主義の流れです。日米は経済政策においても同じ新自由主義を推し進めていきました。

ちなみに、小泉政権は新自由主義のイメージが強いですが、流れは橋本政権の時からだと言われています。橋本内閣では、1996年、金融制度改革に乗り出し、いわゆる金融ビッグバンとなりました。具体的には銀行・証券・保険の規制緩和です。業界間の相互参入の促進、投資信託の銀行窓口販売の解禁、株式売買手数料の自由化です。

また、**フリードマンは「マネタリスト」とも呼ばれ、ケインズが唱えた公共事業や累進課税などの政府による経済への介入を否定しました。**簡単に言えば、マネー＝お金の供給量を増やせば景気が浮揚するとの考えかたから、どんどんマネーを供給しようというのが、マネタリズムの考えかたです。

それが実際に、中央銀行に大きな裁量権を与えることになりました。

IT産業の隆盛とリーマンショック

フリードマンは、政府はとにかく国民の自由を尊重し、これを侵害してはならない、そのために政府が守る2つの基本原則があると言っています。

まずは国防です。国を外国の攻撃から守ること。国防、行政、公共事業などは、国民では責任を果たすことができないため、国の責任を重視します。これを第一の基本原則としました。

もう1つは、どうしても政府がやらなければいけないことがあるときは、なるべく地方自治体に任せたほうがいいという考えかたです。

それに呼応するように、この頃、**小さな政府を目指す政権が世界のあちらこちらで見られました。イギリスで新自由主義的な経済政策を行ったのが、79年に首相に**

就任したマーガレット・サッチャーです。サッチャーは規制緩和や政府系企業の民営化を次々と行いました。この経済政策はサッチャリズムと呼ばれました。**フリードマンは1976年にノーベル経済学賞を受賞しています。**フリードマンの考えかたに対しては、高く評価する声があります。その一方で、格差を拡大させたのではないか、強いものが、より富める理論ではないかという批判があることも、また事実だということです。

レーガン大統領の頃から本格的に広がった新自由主義政策によって、大量のマネーがマーケットに流れ出た結果、90年代から2000年代にわたり、IT業界が大きく成長しました。今で言うGAFAMが生まれてきた背景も、こうしたところにあります。

一方で、貧富の差が非常に大きくなり、巨大な格差社会が生まれたことも事実です。そして、それが2000年代になって、リーマンショックを引き起こしたという批判もあります。

ニュー・ケインジアン

このように、経済学派は政策に多大な影響を与え、経済が停滞するたびに批判され、新しい理論が現れ、また停滞して次の理論に変わるというサイクルを繰り返しています。

現在は、ニュー・ケインジアンの考えかたに影響を受けている時代です。オールド・ケインジアンとは異なり、過去の事例からいいものは取り入れ、金融政策も財政出動もバランスよく必要だという考えかたで、**ポール・クルーグマンやジョセフ・ユージン・スティグリッツ、ニコラス・グレゴリー・マンキュー*、ベン・バーナンキ*などがニュー・ケインジアンに該当します。**

中でも、スティグリッツは、「40年かけて実証された。サッチャーとレーガンが扉を開いた新自由主義は失敗した」と、新自由主義を厳しく断罪しています。「**新**

自由主義は、規制を撤廃し、税金を引き下げれば、経済が自由になり、誰もが得をすることを約束した。しかし今、世界を見渡せば、醜悪なナショナリズムのようなポピュリズムが拡大している。これは、政府がやり過ぎたというよりも、政府が十分なことをしてこなかった結果だ」。スティグリッツは一貫して、経済格差拡大に神経をとがらせています。

1943年生まれのスティグリッツは、66年にマサチューセッツ工科大学（MIT）で経済博士号を取得したのち、95年から2年間、当時のクリントン政権で大統領経済諮問委員会委員長を務めました。97年から2000年まで、世界銀行のチーフエコノミストも務めています。

スティグリッツの業績は労働、金融、保険市場などで膨大かつ広範囲に及んでいます。情報が不完全で非対称の場合における市場への影響を解明しようとしたことが評価され、2001年にノーベル経済学賞を受賞しました。 2016年、スティグリッツはニューヨークでブルームバーグのテレビインタビューを受けて、「量的緩和などの政策は、結果的に生じる資産価格の上昇で富裕層が資産を膨らませる。その富の一部が個人の所得や消費に滴り落ちるという『トリクルダウン理論』に基づく手法だが、実際に恩恵を受けるのは社会の最富裕層に限られる。実体経済への資金供給と中小企業支援に絞った政策に転換する必要がある」と主張しています。

ポール・クルーグマンは、1953年アメリカ生まれの経済学者です。77年にマサチューセッツ工科大学で経済博士号を取得したのち、同大学やスタンフォード大学、プリンストン大学の教授を務めました。レーガン政権では経済諮問委員会上級エコノミスト、世界銀行や国際通貨基金でもエコノミストを務めています。

クルーグマンは、新たな国際貿易論を構築したことや、空間経済学（新経済地理学）を確立。国際金融・通貨危機の分析で活躍したことが評価され、2008年に単独でノーベル経済学賞を受賞しました。

クルーグマンは2024年6月に、ブルームバーグのインタビューで、日本経済について、円安は需要押し上げにつながるのに、為替介入など日本の通貨当局がパニックとなっているのは理解し難いと語りました。「**円安は多少の時差を伴って日本の物品・サービス需要に実際には前向きとなる**」としています。当時、国内は円安批判の声が大きかったのですが、クルーグマンは「**なぜこれほど多くのパニックを引き起こしているのか不可解だ**」と話しています。

サプライサイド経済学

アダム・スミスをはじめとした経済学派の流れの中で、実は、もう1つ、見ておくべき存在に、「サプライサイド経済学」があります。

経済を語る上で最も重要な論点は、需要です。常に、需要をいかに増やすか、国民の消費を増やせば、必然的に供給も上がるというのが基本的な考えかたです。ところが、**1970年代になって、逆に供給に重きを置いたサプライサイド経済学が生まれました。供給を増やすことで、経済を発展させるという考えかたです。**

このサプライサイド経済学に基づいて、供給をどんどん増やしていったのですが、タイミング悪く、**そこにオイルショックが起きたため、すぐに下火になってしまいました。やっぱり、どんなに供給を増やしてもダメとなったのです。**

ただ、いまの時代になっても、その考えかたそのものは生きていて、供給側を重視して、経済をよくしようという動きがあります。メインストリームはやはり、

ニュー・ケインジアンなのですが、それでも一部に生きていると言えます。

例えば、**2014年から19年までFRB（米連邦準備制度理事会）の議長を務め、バイデン政権で財務長官を務めてきたジャネット・イエレンは、サプライサイド経済学の研究者です。**

イエレン財務長官は、工場の国内誘致を積極的に推進していますが、これはサプライサイド経済学につながっている考えかたです。結局、国内で製造したほうが、自国の経済は強くなるという考えかたです。

同盟国の日本も、最近は国内工場を増やす方向に進んでいます。国内に工場を誘致することで、関連企業や電力、半導体の株価が上昇するのです。もちろん、円安で海外発注が割高になったことから国内へ生産を戻しているという側面もありますが、国内生産へ戻す動きは、米国から賛同を得られる状態であることも大きいです。

このように、経済学派の流れから起きている事象を見ていくと、必然的にこれから上昇する株が分かるようになります。

インフレ目標2%宣言

現代の金融政策のひな型が作られたのは２０１２年以降で、その歴史は意外と浅いのです。１９８０年代は、景気が悪化した時に無理やり金利を上げていた自由主義の時期です。インフレを抑え込むために金利を引き上げて、無理やり景気を冷やしていた時期でした。

そこから**ＦＲＢの議長がアラン・グリーンスパンの時期に入り90年代を迎えます。この時代は米国の景気拡大期で、民間に圧倒的な力を与えてマネーを供給し、金利を比較的低く抑える時代が続きました。**なぜそうなったか。87年にブラックマンデーが起きたとき、インフレをうまく抑え込んだのがグリーンスパンだったからです。インフレをうまく抑制した腕利きの指揮者という絶対的な信頼を得て、グリーンスパンは長く在任しました。ですが、いまでは、**この緩和的な時期が長かったせいでＩＴバブルの温床となったと批判されるようになりました。**

景気拡大期が続いた中で世界の国際化も進み、新興国も成長し、米国だけが成長する時代でもなくなり、行き詰まりの時期に差し掛かった時代が2000年代です。同時多発テロやリーマンショックが起きてインパクトのある低金利を導入しなければならない時代。ここに登場したのが、ニュー・ケインジアンのベン・バーナンキでした。

バーナンキは2012年、FRB議長として、「インフレ目標2％」を宣言、市場との対話を重視しました。こうしたFRBのスタンスというのは12年以降であり、実はまだ最近の話なのです。これからまだまだ成熟していくタイミングの19年、世界はコロナ禍に陥りました。

話は戻りますが、バーナンキが、リーマンショックの時期にFRB議長だったのは運命だと言われています。世界恐慌研究の研究者として知られていた彼にとって、リーマンショックは自身の研究成果を試すチャンスだったと思います。**デフレの際には「上空からヘリコプターで紙幣をばらまけばよい」と提唱し、「ヘリコプター・ベン」と呼ばれるようになりました。**まだリーマンショックから立ち直りきってお

いま見ている、金融政策のひな型は2012年以降の政策
金融政策の歴史は意外と浅い

1980年代 レーガノミクス

・新自由主義、マネタリズム、サプライサイド経済

1990年代 景気の長期的拡大

・8年7カ月もの長期にわたる景気拡大
・良好な状態が「安定」して「長期にわたって」続く

2000年代 景気低迷

・米同時多発テロ、リーマンショックで低金利の時代
・金融政策の余地がなくなり、財政出動が必要に

2020年 コロナ以降

・新自由主義否定、ニュー・ケインジアン
・金融緩和と財政出動

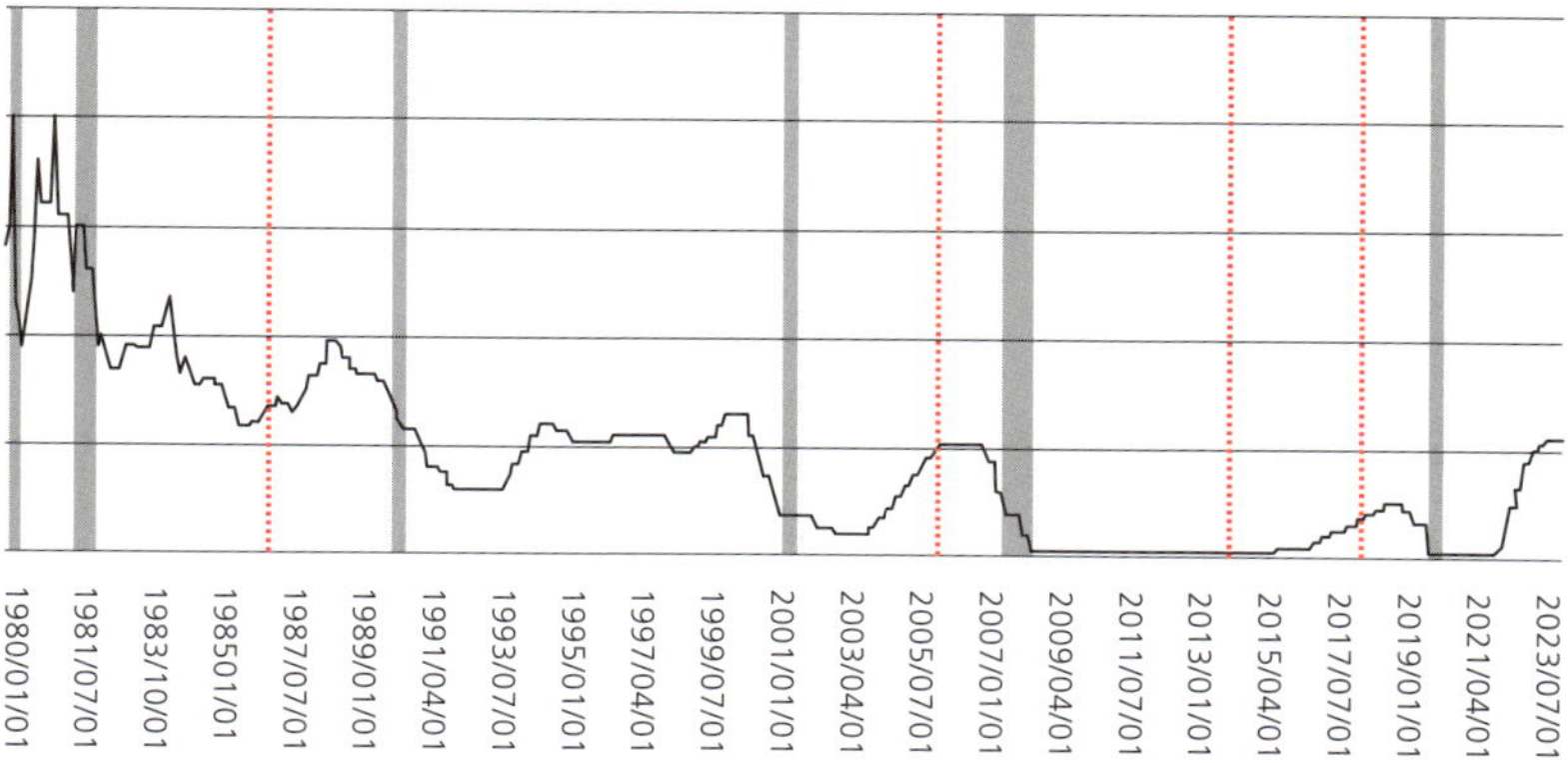

【ポール・ボルカー】

FRBの政策目標／「物価安定」／「雇用の最大化」／
荒療治／高金利／インフレファイター

【アラン・グリーンスパン】

マネタリスト／マネーサプライコントロールの時代／実質的にFRBに自由裁量権のある時代／ 1987年　ブラックマンデーに対する危機対応、インフレ抑制に成功／「マエストロ（巨匠）」だと評価。一方、リーマンショックの温床批判も

【バーナンキ】

ニュー・ケインジアン／リーマンショック後の対応／金融緩和で対応。マネタリーベースを拡大させるいわゆる量的緩和政策／インフレ目標導入

【イエレン】

金融緩和から正常化へ

【パウエル】

2018年2月4日-現在

出所：全米経済研究所（NBER）、セントルイス連銀、Bloombergより日本金融経済研究所作成

らず、金利を少しずつ引き上げている最中のコロナ禍で、また低金利に戻ってしまいましたが、そこから現在まで急ピッチで5・5%まで上げ、株価も最高値を更新しました。そして、２０２４年には、アメリカは4年半ぶりの利下げに踏み切りました。

ＦＲＢの政策運営は過去の時代の反省によるものです。過去にインフレが止まらなくなり、急いで金利を10%に上げるような時代もありました。また、マネーの供給量が過多となってリーマンショックを引き起こした過去の歴史もあります。大きなショックが起きた時の意思決定のスピードの遅さなど、さまざまな教訓の上にいま立っています。

経済の流れを知れば値上がり株が分かる

２０１２年バーナンキＦＲＢ議長の時代にインフレーションターゲットを導入

（目標インフレ率２％）し、さらにフォワードガイダンス（03年）を導入しました。

それまではブラックボックス化されていた、中央銀行のメンバーたちの独自の見解はドットチャートとしてグラフ化して公開し、市場を先導していくことに。これは金融政策に大転換を起こしました。

これら経済学に基づく金融政策動向を、米国民はよく観察しています。米国の金融政策情報はこれまで長きにわたり非公開にされていましたが、**03年に今後の見通しを開示するスタンスに変わり、「フォワードガイダンス」という指標を提示し、有識者らの意見が公開される時代になりました**。これにより、金融政策の動きが国民により分かりやすくなりました。米国がどこに向かっているかは、国民全員が共有しています。

米国にとって、景気を冷やしも加熱もしない中立金利は２・９％です。国民は、「物価は２％まで落ち着かせたい」「金利は２・９％まで下げたい」と動く国の意向を把握しています。コロナ後は、２・５％だった時期もありますので、ベースの金利が上昇してきている点は気になる点です。

一方、日本では、**23年あたりからようやく、潜在成長率は0・7％だと明言しま**

日銀、日本の潜在成長率 0.7%程度と認めた

2012年バーナンキＦＲＢ議長の時代にインフレーションターゲット導入（目標インフレ率2%）＋フォワードガイダンス（2003年）
これまではブラックボックス化されていた、中央銀行のメンバーたちの独自の見解はドットチャートとしてグラフ化し公開、市場を先導していくことに。金融政策に大転換が起きた。

【米国・FRB】	【日本・日銀】
①（潜在成長率）1.8％	①（潜在成長率）0.7％～1％
②（インフレ目標）2％	②（インフレ目標）2％
③（政策金利目標）2.9％	③（政策金利現在）0.25％ 目標は?

出所：日本金融経済研究所作成

した。それまで発表していたのは、物価目標の２％のみでした。目標だけ明言されて現状が示されていなかったので、具体的にどう立ち上がっていくかをイメージしにくいまま今日まできたのです。そんな日本ですから、長期的に金利をどこまで上げるかも、明示していません。米国は２・９％としています。このように、日本は米国とは異なる政策をとってきた結果、米国はインフレになり、日本はデフレを脱却できずに今日まで来ました。米国の経済学がすべて正しいわけではありませんが、経済学と政治の連動が米国のインフレを作り出したことは事実です。ＦＲＢは、米国の潜在成長率は１・８％、物価目標は２％を理想としています。現在、物価をうまく抑えてインフレを制圧しつつあります。むしろ、ＦＲＢのもう１つの責務である雇用市場を冷やさないことに意識が移っています。

最近になって、「不確定要素が多い経済活動には動物的な感性も必要」とするケインズの言葉「アニマル・スピリット」を新聞で見かけるようになりましたが、これはケインズが１９３６年に用いた言葉です。なぜいま日本でこの言葉が語られるかというと、ケインズが好きな人（経営者や意思決定者）が多いということが１つの要因です。デフレからの脱却を本物にするには、アニマル・スピリットが足りないと感じているからでしょう。

日本にも優れた経済学者の先生方が、数多くいらっしゃいます。日本の苦悩、日本のデフレ。日本の難解な金融政策を見てきたのは日本人です。ここまで、海外の経済学の流れを書いてきましたが、いま必要なのは、国内で長年研究している先生方の声だと思います。

米国政権が日本の株価に与える影響

米国経済の状況は、常に日本経済に影響を及ぼします。

トランプ氏が大統領選挙に当選すれば、日本に対して防衛費のGDP比率を2％超えの水準にさらに積み増すことが考えられる。**日本株の軍事関連は引き続き好調さを保つ可能性があると思っていました。**

トランプ氏は中国製品に対し60％超え、中国以外の国からの輸入品にも10％の追加関税を課す考えを示しています。中国経済にとって大打撃であり、中国関連銘柄は厳しい状況が続きそうです。

次に、環境です。トランプ氏はパリ協定からの離脱や、燃費規制の緩和を掲げています。**EV普及にも後ろ向きな点は日本の自動車産業には追い風です。**

さらにエネルギー関連。「ドリル、ベイビー、ドリル（掘って、掘って、掘りまくれ）！」との言葉に象徴されるように、トランプ氏は、雇用を生み出すためだとして、アメリカの石油・天然ガス産業を後押しすると主張しています。米国のエネルギー産業が復活し、日本の商社などエネルギービジネスへの影響も期待できます。

ハリス氏は、環境問題には積極的。バイデン政権と同様に、気候変動対策や再生可能エネルギーの推進を進める方向です。**日本の再生可能エネルギー、水素やCO_2回収・貯蔵などの分野でビジネスが期待できました。**

ハリス氏は、住宅政策にも力を入れるとしていました。大統領の任期の4年間で300万戸の住宅建設を目指すとし、建設会社への税優遇を通じて若い世帯が最初に購入する安価な「スターター住宅」の建設を支援するという。これによって米国の住宅市場が活況となることが見越されていました。**アメリカで事業展開している日本の住宅メーカーの株価が強含む局面も、10月時点ではありました。**

2025年からの米国大統領はトランプ氏に決まりましたが、どちらが大統領になったとしても、株式投資に関しては、やることは同じ。アメリカの経済状況を見極めつつ、大統領の政策を分析することに変わりありません。

成功しつつある日本の工場誘致

先進諸国の需要が飽和してきた中で、なぜサプライサイド経済学に再び光が当たっているか。それは、人々の需要が飽和していて買い替えにしか需要がなくなってきたからです。既存の物を買い替えて回すしかない。豊かになりきった社会の次なる経済として、成熟した国からは、供給側からプッシュして雇用を生み出し、引き上げようとする理論が出てくるのが自然です。例えば、工場誘致は賃上げにつながります。製造業だけにとどめず、幅広い産業を国内で作る方向にしていくと、人口が1億を下回っても、全員が豊かで食べられるという社会にしていけるでしょう。

日本も、供給力アップのために国内の工場誘致を進めています。地元の中小企業と消費者との関係や家賃上昇、賃上げなど問題はいくつかありますが、サプライサイドは調子よく動いています。日本の経済が浮揚しそうに見える理由は、このよう

工場誘致の
供給力のアップには成功しつつある

（参考）政府の支援により動き出している大規模な国内投資案件（半導体関係）

対象となる予算事業（半導体関係）
■ サプライチェーン対策のための国内投資促進事業補助金（R2補正等 5,168億円）
■ ポスト5G情報通信システム基盤強化研究開発事業（R3補正 1,100億円、R4補正 4,850億円）
■ 先端半導体の国内生産拠点の確保（R3補正 6,170億円、R4補正 4,500億円）
■ サプライチェーン上不可欠性の高い半導体の生産設備の脱炭素化・刷新事業（R3補正 470億円）
■ 経済環境変化に応じた重要物資サプライチェーン強靭化支援事業（R4補正 3,686億円）

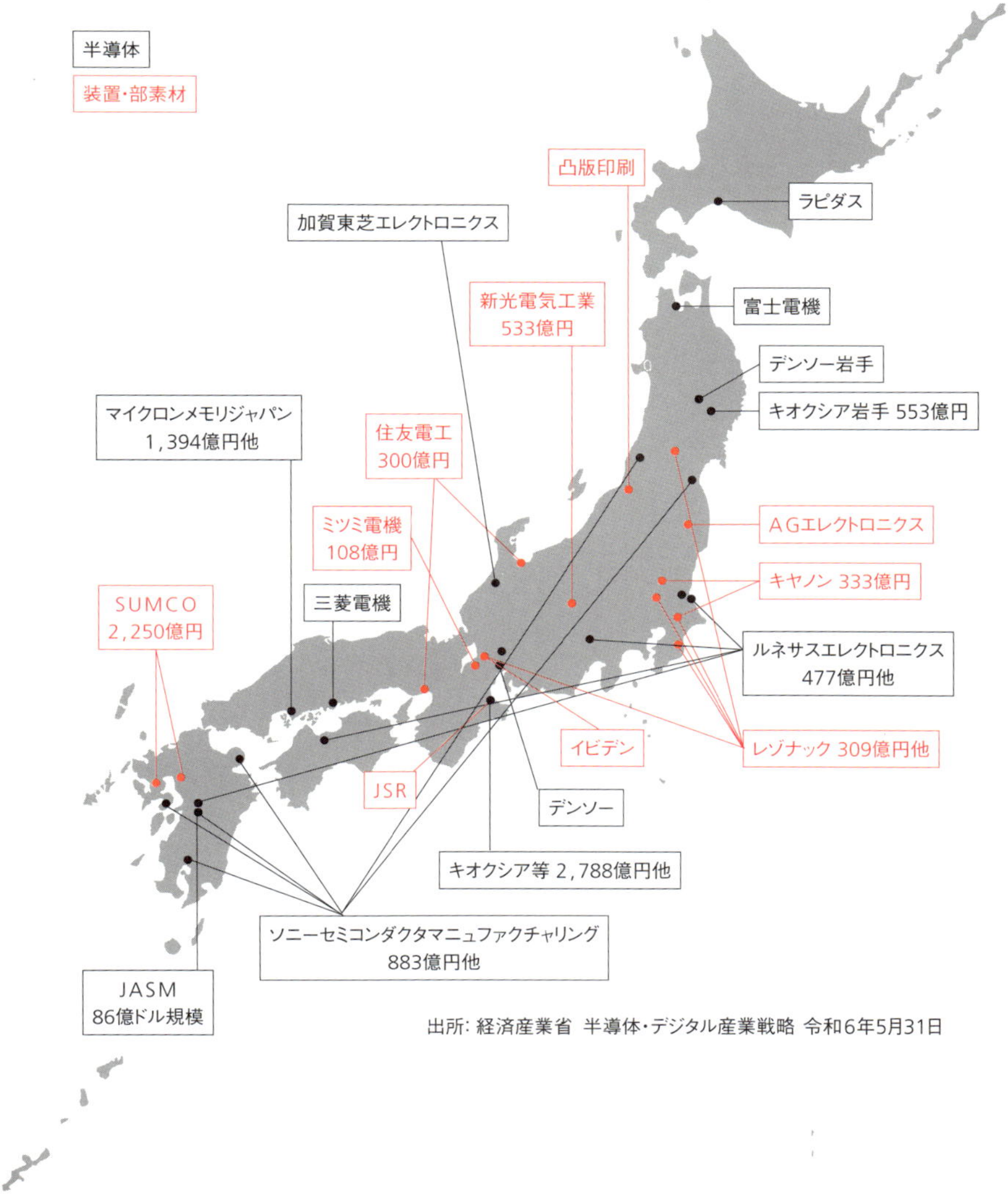

出所：経済産業省 半導体・デジタル産業戦略 令和6年5月31日

なモノづくり国の復活にもあります。

ラピダスの工場が２０２５年、北海道の千歳に誘致され、台湾のＴＳＭＣが熊本に誘致されました。これらの銘柄は株価も伸びています。こうした中で、半導体や電力株も高騰しています。また、ルネサスが甲府に、三菱電機が福山に、マイクロンが広島にと、明らかにサプライサイド＝供給側を増やしている政策です。この政策に関しては、日本はいま、成功していると言えるでしょう。

マクロ経済の視点から見ると、経済が浮揚する期待感があります。実際、私も熊本を訪れました。まだ地元での雇用が足りていないとか、土地の値段が上がっているとか、いろいろと痛みを伴いながら進んでいる様子ですが、**１億２０００万人だった人口が８０００万人に減っていく日本の中で、８０００万人のための経済が回って生きていくための、まずは一歩なのではないか**と、期待が持てます。

いまの日本は、８０００万人に人口が減少する中で、第一次所得の金融で儲けている国になっています。でも、金融で儲ける国は、いずれ衰退します。モノづくりができる国でなければ発展はありません。製造業や農産物、電力などの国内自給率を高め、人口減少が進む日本の中で人々がうまく暮らしていける環境をつくる必要があります。

韓国は人口が5000万人、ドイツだって8000万人です。現時点では日本より人口が少ない国です。

国内自給率が高まり、8000万人が安心して住める国という認識になれば、経済は成長していくと思います。

先進国では、どこも飽和状態の中でサプライサイド経済学の考えかたに、もう一度光が当たってきています。**出生率は、すぐには上がらないかもしれませんが、子育てにお金をばらまくだけではなくて、供給側でプッシュして、雇用を生み出して、経済を引き上げようという考えかたが出てくるというのは、この成熟した国にはすごくマッチしていると、私は思います。**これらを紐づけて考える習慣を皆がつけることで、株式投資のための学びはいつしか、豊かな日本をつくるための力になっていくと思います。

＊ニコラス・グレゴリー・マンキュー　1958年生まれの米国経済学者。

＊ベン・バーナンキ　1953年生まれの米国経済学者。マクロ経済学が専門。ポール・クルーグマンとともに、インフレターゲットの研究者として名を高めた。

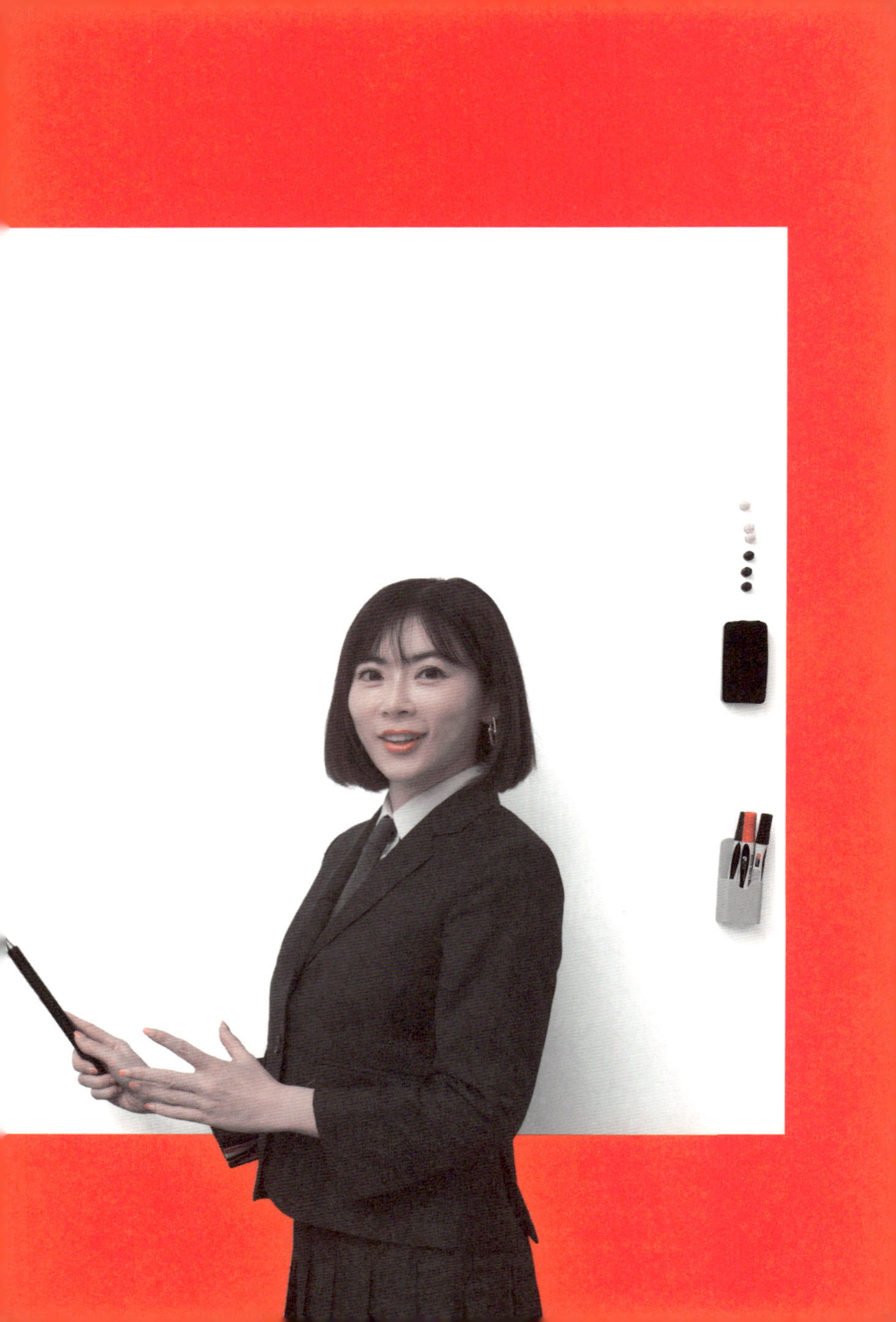

第3章
株価とは何か

金融市場は、とても素直な存在

株価の上下を予測することは、プロでも難しいことだと思っていませんか。日本ではまだまだ「株に手を出して、失敗したら大損する」「リスクが高い」というイメージが先行して、株式投資を敬遠する傾向が強いと思います。バブル時代とその後の「失われた30年」の影響が大きいのでしょう。

でも、そんなことはないのです。

株式市場は非常に素直な存在です。どこよりも早く世の中の情勢を嗅ぎ取り、動き出すのが金融市場です。金融市場には多様な価値基準が存在し、前提条件も刻々と変化します。こうしたことから、金融市場は複雑に思われがちですが、行動原理はいたって合理的です。

資金が集まる場所の条件は、ただ1つ。「信用がある場所」です。

人間は誰しもが「思考の偏り」を持って育っています。生まれ育った場所や親、周りの友人など、環境による思考の偏りは誰しもが持っています。それ自体は、悪いことではありません。ただ、**偏った思考の中だけで生きていると、とてももったいない**と感じるときがあります。世の中にはいろいろな価値観があり、自分の思ってもいない行動原理や基準で動いているものごとがあります。

私の場合は親の理想の娘像に応えることができなかったという過去があります。

今でも両親を尊敬しており感謝の気持ちも強いです。ただ、両親が正しいと思う価値観が必ずしも、私の価値観とイコールではありませんでした。価値観が一致しないことで、長らく苦しみ、前に進めない時期が続き、自身の人生に暗い影を落としていました。

大切な存在である親が望む娘像を叶えたくても、自身の進みたい方向性や渇望を抑えることができない。両親の価値観から逸脱した自分は、まるで犯罪を犯しながら生きているのかのような罪悪感に苛《さいな》まれていました。

でも、「投資」との出合いで他の価値観で生きてもいいことを知りました。親とは異なる価値観で生きながらも、成功している人たちの存在を知ったのです。価値観の多様さに気づき始め、自分は何も悪いことはしていないと確信を持つようになりました。

その入り口になるのが、金融を知ることでした。そういった意味で、誰にとっても目の前の世界が広がるきっかけになるのが「投資」だと思います。

自分が当たり前だと思っている以外の世界を知ることの入り口が「投資」、世の中がどう動いているのかをフラットに知るのが「投資」なのです。

投資が身近になった時代だからこそ必要な考えかた

欲まみれの世界においては、ものごとをフラットに見る力を手に入れた人は強いです。少々のことでは動じないし、騙されない。そして、自分を必要以上に大きく見せる必要もない。陰謀論や根拠のない情報に振り回されるほど、時間の無駄はないです。世の中の仕組みや真理の答えは、金融市場・株式投資家にあることが多いと思っています。

世間をフラットに見ることができれば、自分自身もフラットに生きることができ

ます。知らないことが多かったり不安だったりすると、人は自分を大きく見せたくなります。そんな生きかたをしていると息が詰まる。なぜ、生きづらさを感じるのか、それは自身の視野の狭さから来るのだと思います。

投資を通じて、いろいろな価値基準に触れることができます。

さまざまなビジネスモデルを知れば、

「こんな想像もつかない考えかたをする人がいるんだ」

「まさか、この切り口でマネタイズできるんだ」

「自分では理解不可能なところに、需要があるんだ」

「人はこんなモノにお金を払うんだ」

と、小さな自分の経済圏だけでは、知ることがなかったような視点に振れることができます。まさに、開眼するのです。

投資は私にとっては、「両親の価値観」からの解放でした。本書を手に取ってくださっている方にとっても、「何か、固執していること」からの解放になればと思い、本書を執筆することにしました。

他人から望まれる「こうあるべき姿」にあなたは応える必要はないのです。今の自分に誇りを持ちたくても、周りからの圧を感じることで自信をなくすこともあるでしょう。

多くの人は、大切に思う人や認めてほしい仲間の考えや評価が気になって、自信をなくしてしまい、一歩を踏み出せないことが多いのだと思います。

私もその一人でした。金融市場に触れることで、自分の固執するものから解放されるきっかけになりました。

脱成長と時価総額資本主義の交わる場所

環境を破壊しながら経済成長を続けることへの矛盾から、資本主義社会の限界が謳われ「脱成長」という考えかたは一部で支持を受けています。「脱成長」というパワーワードにどこか興奮を覚える人が存在することを私も目の当たりにしています。
一方で、金融市場で企業の価値を測るモノサシである「時価総額」。これが力を

持っていることも事実です。金融市場にいれば、時価総額資本主義がよりいっそう強まっていることを強く感じます。

資本主義社会の限界を問う「脱成長」と、資本主義を一層強化した「時価総額資本主義」という相反する2つの価値観。その2つが交わる場所にいる人が「投資家」だと、私は捉えています。

つまり、脱成長／時価総額資本主義といったどちらかに結論を出すことなどできないのがこの世の中です。けれど、株式市場はどちらの考えかたも許容します。どちらが間違っていて、どちらが正しいと決めることはせず、どちらも真実として受け止めるのが金融業界です。

強欲なまでに突き進む時価総額資本主義の企業を称賛する向きも理解できるし、成熟した資本主義社会に突入する中で環境への配慮を進める企業へ投資をするESG投資も理解できる。

ここで紹介した「脱成長」と「時価総額資本主義」はあくまでも事例ですが、投資に触れることで、おおよそ、世の中は二律背反する、どうにも交わらないモノ同士で成り立っていることを知ります。

これを知った上で、それでも心熱く応援できる企業を探し、尊敬できる経営者へ

二律背反の世界の狭間にいるのが投資家であり株式市場

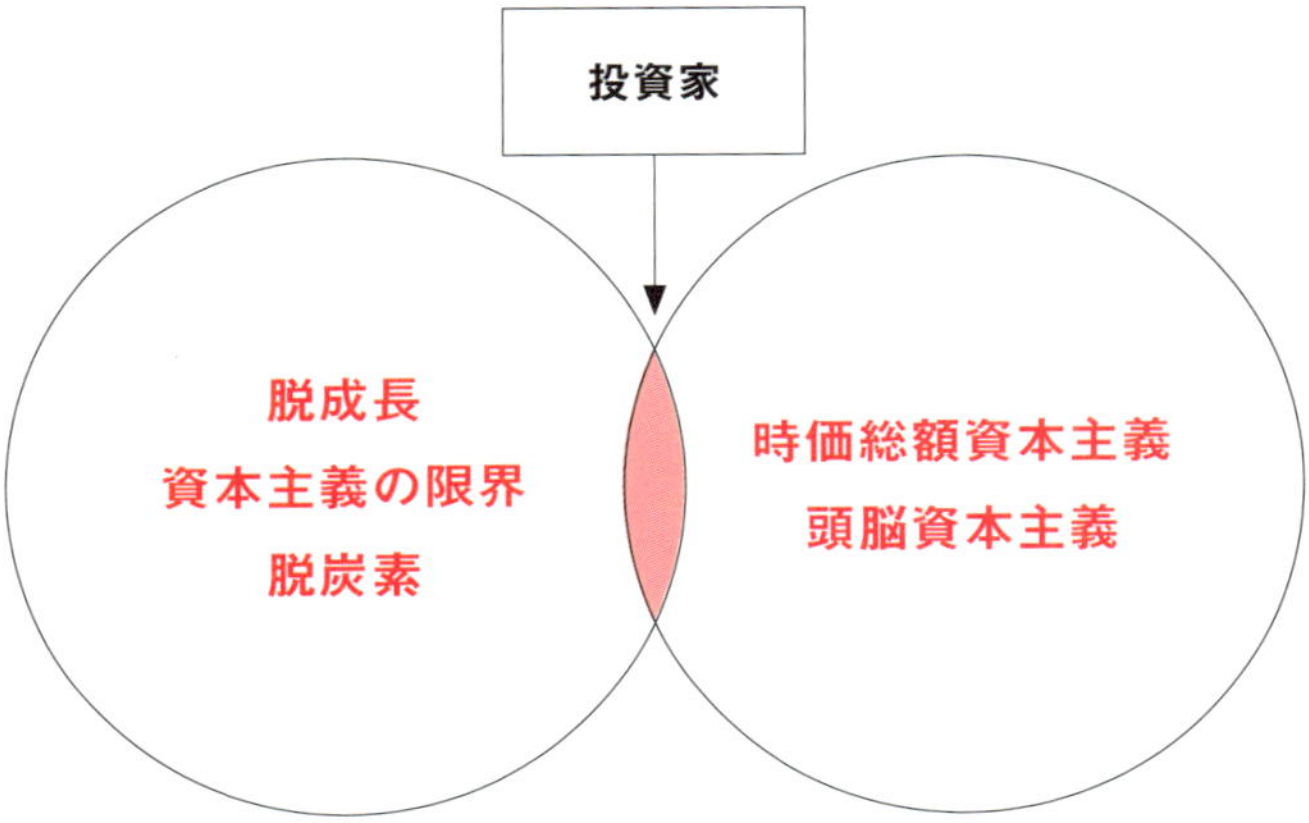

出所：日本金融経済研究所作成

投資するのが投資家です。

俯瞰して世の中を見ることなど、普通に生活していればほとんど機会はないかもしれません。ですが、金融市場や投資の世界に接すると、世の中の「どうしようもなさ」に気づいてしまいます。

しかし、二律背反するところには熱く深いエネルギーが渦巻いていて、ある意味、人間の底知れぬパワーも感じます。

そんな厳しい世の中で、力強く立っている企業や誠実な経営者を見れば、愛おしさも感じるでしょう。偏った思考では見えない世界があるのです。これが、「心が折れない」株式投資への入門です。

日経平均の予測は誰でもできる

日経平均株価は、株価が決まる仕組みを知れば誰でも予測することができます。**株価は、EPS（Earnings Per Share／1株当たりの利益）とPER（Price Earnings Ratio／株価の収益率、期待値）の掛け算で決まります。EPSは企業の利益を意味し、決算などで発表されるものなので嘘をつけません。**仮に、日経225企業（日本を代表する225の東証プライム上場企業）の1株当たり利益を、2200円とします。期待値であるPERはアベノミクス以降11～16倍で推移していますので、2200円に11倍を掛ければ下値が、16倍を掛ければ上値が予測できます。アナリストは、日経平均チャートに公開された数字を見て日経平均を予測しています。このように、実は誰でも日経平均株価を予測できるのです。

EPSは2023年に2300円台まで上がりました。翌24年の予測は2600

円で、期待値（ＰＥＲ）の17倍を掛け算するとしたら4万４２００円です。過去の日経平均のマックスが16倍でしたので、17倍は少し行き過ぎにも感じますが、16倍の4万１６００円までは回復する可能性があります。下値でも12倍まで、２６００円を掛けて3万１２００円までは想定の範囲でしょう。

最近、日経平均が10万円や30万円まで上がる説を語る専門家が増えました。これは、５年から10年の長期で考えた場合の話です。２１００円になり、２５００円になり、次は３０００円、３５００円と平均利益が拡大していけば、５年後、10年後にこのぐらいの利益になる話は現実的です。期待値を掛けてみれば、あり得る数字です。日経平均はこのように簡単に予測が立てられます。もっとも個別の企業については、それぞれに合った読み解き方が別に必要なのですが。

日経平均4万円超えを予想して大顰蹙を買う

２０２０年春、コロナ禍が猛威をふるい始めた頃、一度、世界の株価は急落し、

リーマンショック以来の危機に陥りました。その後、各国がすみやかに大規模な財政出動をしたことや、ワクチンの開発などにより、約1年で市場は回復し、コロナ前よりさらに上昇していきました。

その頃、私は「日経平均株価は、いずれ4万円を超える」と予測していました。これには、「そんなわけがないだろう。いい加減なことを言うな」と、SNSなどでバッシングを受けることもありました。

それからすぐ、21年に、日経平均株価は34年ぶりに3万円を回復しました。そして、その後もどんどん上がり続けました。私は、この後も、企業業績を確認しながら、「日経平均は4万円を超えるかも」とニュース番組で発言しています。周囲の反応は半信半疑でしたが、その後、病気休養中の24年3月初頭、日経平均は4万円を超えました。

一見、大胆とか強気やはったりと思われがちなこれらの予測ですが、実は、極めて堅実でいつも通りの指標をもとに、導き出した予測なのです。具体的に、どんな数値や指標を参考にしているかは、本章の後半で詳しく説明していきます。が、現状をきちんと測る物差しと、基本的な指標、数値を押さえて冷静に分析すれば、私がいま述べたような予測は、誰でもできると言いたいのです。

バブル時代と現在の違い

投資家の期待値（ＰＥＲ）は、バブル経済の時期には70倍までふくれ上がりました。コップに注いだビールにたとえると、１がビールで70が泡（期待値）、ほとんどが泡という状態でした。液体（実際の価値）は、２０２４年はバブル期の高値を更新して４万１０００円を付けましたが、バブル時代の浮かれた泡とはわけが違い、期待値は約17倍と実態が伴う結果です。アベノミクスが立ち上がった13年は、利益が１株当たり約７００円でした。そこから試行錯誤をし、金融緩和を実施して好業績になったり、コロナ禍で株高になったりするなど、自分で稼ぐ力が高まった結果だと思います。

米国も同じです。例えば、S&P500（スタンダード・アンド・プアーズ500。米国の株価指数）の1株当たり利益と、投資家の期待値を掛け算しますが、S&P500はPERが20倍を超える高い値であることが日本と異なります。が、EPS×PERで米国株も予測ができます。

米国の値動きを見る場合は、FRB（米連邦準備制度理事会）の方向性や決定事項にブレがないか、こまめにチェックしておくことのほうが重要です。ただし、FRBの雇用統計や物価の見通しなどを日々チェックするのは大変で、そこから値動きを予測するのは難しいのが現実です。ここから先の深い予測は、プロの分析を参考にするのがいいでしょう。ただ、見た目の株価の上下に心を惑わせるのではなく、株価の変動の根拠となる部分を知っておくことで、冷静な目で動きを見ることができるのです。

さらに、ワンランク上の株価の読み解き方として、CPI（消費者物価指数／Consumer Price Index）を見る方法もあります。FRBが考える米国の潜在成長率をどれぐらいに想定しているか。さらに、現在の金利をどこまで落としたいのか。この数字がどうなるか、ブレがないかなどを確認することが、株の値動きを読む判断材料になります。

実際、ＦＲＢは、23年に２・５％だった政策金利目標を２・６％に引き上げました。なぜじわじわと、政策金利目標を引き上げ続けているのか。それだけ米国の物価上昇圧力が強く、中立値を上げざるを得なかったのだろうと推測します。

一方、日本はこれまで潜在成長率や政策金利目標を公には掲げてきませんでした。公表していたのは、13年に定めたインフレ率目標の２％のみ。おそらく、ゼロ金利やマイナス金利の中、国民に現実の数字を突き付けることがプラスだとは考えにくかったのでしょう。

24年になってようやく、日銀（日本銀行）は政策金利をマイナス０・１％から０～０・１％程度に引き上げました。現在は０・２５％です。マイナスをプラスに転じさせることはとても難しい判断だったはずですが、一度プラスになってしまえば、そこから数字を引き上げることはさほど難しくありません。それでも、日本の現状を見ると、まだまだ金利を米国のようにどんどん引き上げるのは国内経済の混乱を招くもとでしかないというのが、多くのエコノミストの見解です。

金利を上げても「緩和的措置」なのはなぜか

日銀の植田和男総裁は、政策金利を0・25%に上げた状態でも、締めつけているわけではないというニュアンスで話しています。「緩和的措置だ」と言っていました。なぜ、金利を上げたのに緩和的なのでしょうか。**日本の潜在成長率（景気に左右されない部分の経済成長率）は0・7〜1・0%、おおよそ0・7%という数字です。これよりも金利が低ければ引き締めてはおらず、むしろ緩和的であるという考えかたです。**確かに、経済成長率が0・7%だとすれば、0・25%はそれより低いので、緩和的という解釈は納得できます。

潜在成長率にインフレの期待値（インフレ率目標）2%を足したものを、中立金利と定義できるので、仮に潜在成長率を0・5%にして、これにインフレ期待値の2%を足すと2・5%が中立金利ということになります。長らくゼロ〜マイナス金利の中で生活してきた日本人には、動揺を隠せないレベルの金利です。いくら米国のコミュニケーションスタイルに理解がある植田日銀総裁でも、さすがに現段階でこの数字を国民に突き付けるのは積極的ではないと考えているのか、政策金利目標には「まだ言及できない」と発言しています。いまの日本はまだ、中立金利の議論をするほど足腰が強くないので、潜在成長率よりも低い水準での金利の引き上げは0・5％までが現実的でしょう。

このような成長率や金利の動きを理解しておくと、株式市場がどれぐらい下落するのか、企業へのダメージはどの程度か、為替がどれぐらい円高に進むかなどを理解して、成長企業を見つけられるようになります。

第4章
投資に役立つ「指標」徹底図解

企業評価は売上重視から資産と負債のバランスへ

これまでの投資は、売上や利益を見て投資する企業を判断する傾向にありましたが、最近は、資産や負債が分かるバランスシート（ＢＳ）も合わせて見ることがトレンドになっています。実際に、東証（東京証券取引所）は資本コストや株価を意識した経営をするよう企業に求めています。これは、時代が損益計算書のみ重視する方向から資産と負債も重視する方向へシフトしたことを意味します。

損益計算書は企業の成績表で、PL（Profit and Loss）と表記し、売上や、売上から経費を引いた利益を見ることができます。資産と負債は貸借対照表といってBS（Balance Sheet）と表記し、期ごとに公開されるものですが、積み上げてきた数字は企業の歴史です。

ＰＬ重視の時代の投資家は、ＰＥＲが大好きでした。ＰＥＲは株価収益率、ある

いは期待値といって、株価が1株当たりの純利益に対して、株式市場では何倍になっているかを見る指標です。例えば、純利益値が10で時価総額が100の場合、純利益の10倍の評価で買われていると分かり、それだけ成長が見込まれていることになります。見方を変えると、PER10は、10年で資金回収ができるという指標にもなります。PERという指標は、純利益ベースで、時価総額を何年で回収できるかという指標です。

PER1倍とは、純利益ベースで、1年あれば時価総額を回収できるということ。PER10倍なら10年、PER100倍なら100年かかるということです。ですから、PERは数値が低ければ低いほど〝割安株〟だという1つのモノサシになります。

PERの理想値は15倍とされ、それより高いと割高、安いと割安だと判断できます。ただ、IT関連株など業種によって値の上下はあります。

企業はこれまで、投資家の期待もあって株価を上げることに心血を注いできました。ですが、そこには投資をうまく運用して利益につなげているか、負債を減らせているかの視点が入っていません。そこで注目されるようになったのが、PERと

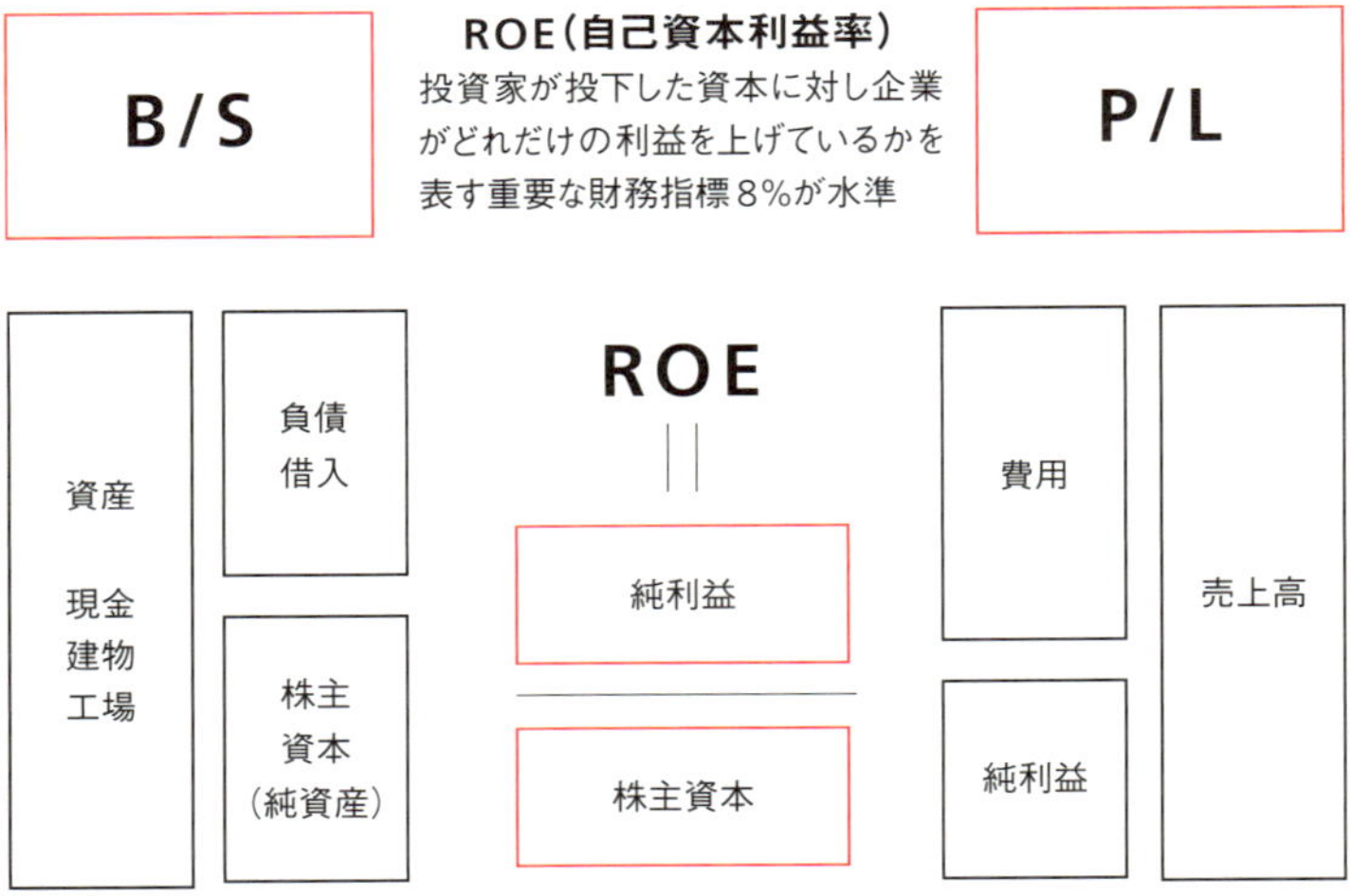

BSを紐づけるROE（Return On Equity）という指標です。ROEは自己資本利益率をいい、株主の投資に対して企業がどれだけ利益を生み出しているかの指標で、2014年に8%が水準と提言されました。この提言は、当時の経済産業省のプロジェクトの座長で会計学者の伊藤邦雄氏がプロジェクトの最終報告書で発表したもので、伊藤氏の名字をとって「伊藤レポート」と呼ばれています。機関投資家はかねてROEを注視してきましたが、最近は個人投資家も重要視するようになりました。

「PBR1倍割れ」とは何か？

もう1つ、最近重視されるようになってきた指標があります。ＰＢＲと言います。株式投資をしていると、「ＰＢＲ1倍割れ」という言葉を聞くことがあります。**ＰＢＲは、株価純資産倍率のことで、純資産に対して株が何倍買われているかの指標です。投資家が投資した資本よりも時価総額が小さい状態がＰＢＲ1倍割れです。投資した金額ほど会社が評価されていないことを意味します。**近年、ＰＢＲ1倍割れ状態の大手上場企業が多かったことから、「ＰＢＲ1倍割れ」という言葉を目にする頻度が高くなりました。

ＰＢＲ1倍割れから脱却するには株主資本額を小さくすればいいので、そのために資本を使う企業も多く存在します。理想的な使い道はＭ＆Ａ（企業・事業の買収や合併）や成長への投資ですが、これらは成功するかどうか未知数なので、投資の

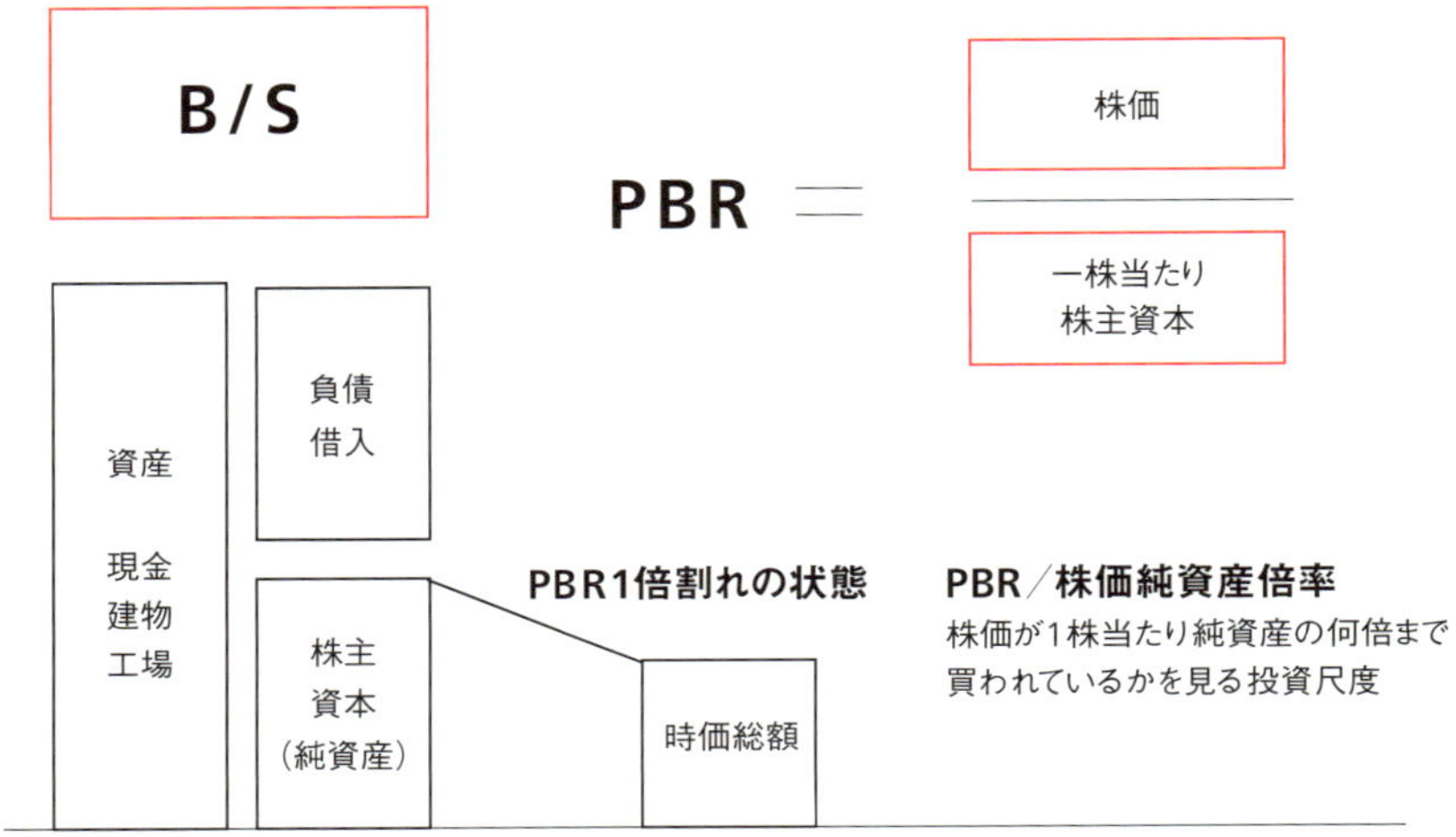

決断が難しい現状があります。

現実的な使い道としてもっとも多いのは、株主への配当と自社株買いです。自社で持ち株を増やせば市場に出回る自社株が減るので、株の価値が上がります。自社のお金を使い、企業を本当に強くする究極の成長投資は賃上げです。しかし、これまでは、株主資本主義は行き過ぎていたため、利益は投資家に還元するべきという考えが強い時代がありました。賃上げするくらいなら、配当を増やすべきという極端な考えかたがありました。賃上げはコスト増のイメージから投資家が嫌がりました。また、日本の長いデフレ時代では、経営者ができる限り資金を社内にとどめたいという意識が強かったのです。現在では投資家は、「従業員は重要なステークホルダーであり、良い人材こそが成長の源泉」と考えるようになり、経営者も賃上げするべきだと考えるようになってきています。

一方、資本の貯め込み過ぎも危険です。アクティビスト、俗に言う「もの言う株主」に狙われるからです。資本を貯め込んだ企業の株をアクティビストが買い、高額な配当を要求します。配当をもらうだけもらって企業の資本が底をついたら、アクティビストは株を手放し去っていきます。そして企業は、成長戦略が見えたときに肝心の資本がない状態になります。それなら、貯め込まず成長に投資しておいたほうがいいですよね。

また、「政策保有株」の解消も2024年のトレンドになっています。これからしばらくは、この傾向が続くでしょう。**政策保有株は、民間企業同士で株を持ち合う、持ち合い株のことです。持ち合うことで資金を寝かせている状態なので、デフレ脱却が近くなったいまは、解消する動きが進んでいます。**解消すると、その時点で利益が確定するため、その利益を、例えば自動車メーカーであればＥＶ開発に回

配当に関する指標

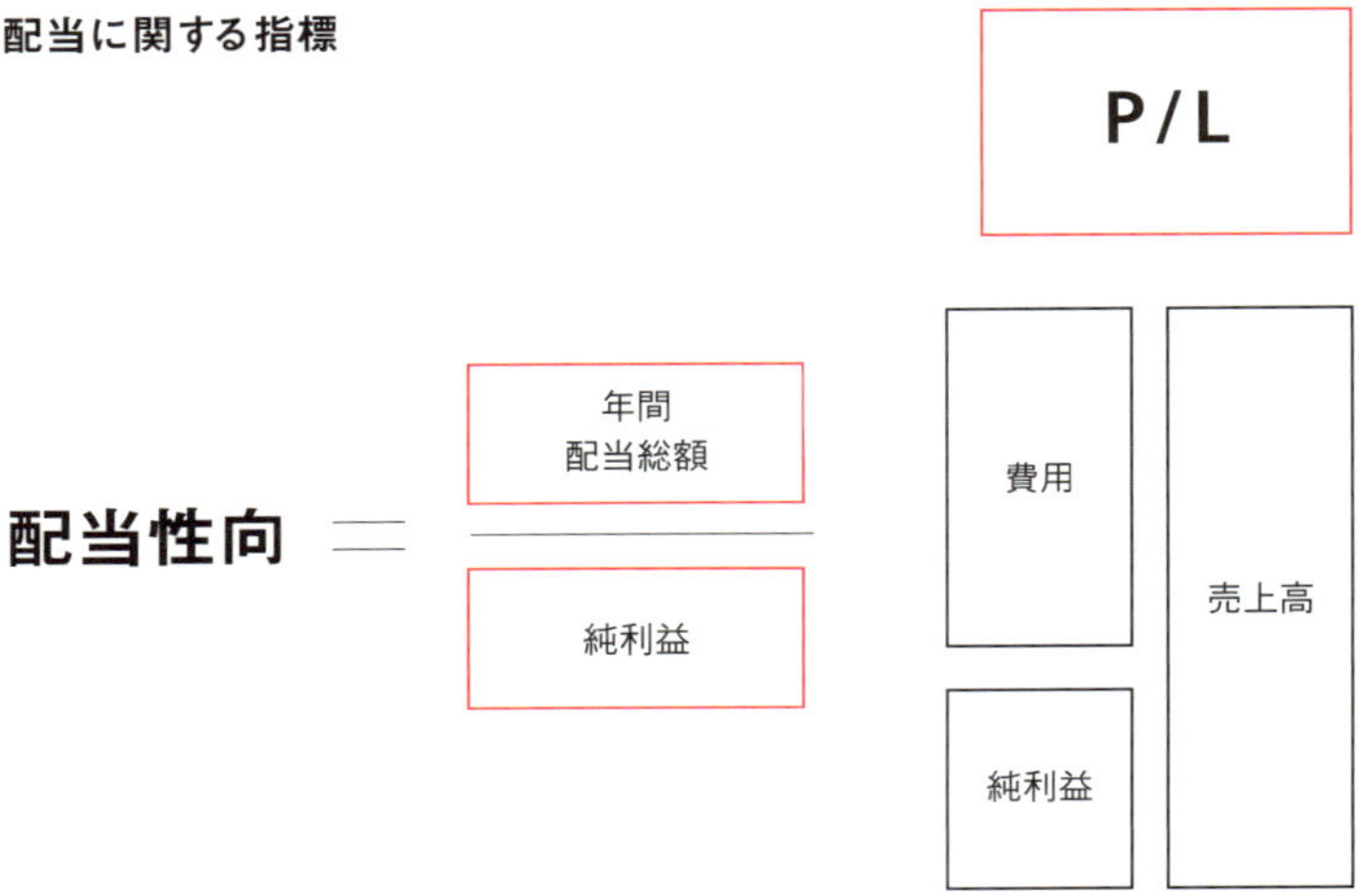

したりすることができるわけです。

配当の金払いがいいほど優良企業とは限らない

配当金をどれくらい支払っているかも、投資判断には重要な指標です。年度ごとの税引き後の純利益のうち、何%を配当金の支払いに充てたかの指標を、配当性向といいます。利益を株主と会社と社員で分け合う場合、株主配当の目安は30%です。

配当性向が高いほど株主に利益を還元していることになりますが、配当性向が高い企業ほど優良かというと、一概には言えません。例えば、成長企業は開発などに投資するぶん、配当を低くしたり、ゼロにしたりするからです。長期のリターンで見ると、低配当や無配当の企業のほうが結果として高くなることも多々あります。

配当性向（%）＝（1株当たりの配当額÷1株当たりの当期純利益）×100

トレンドはDOE

配当性向と同じく、企業が何%を利益配分しているかの指標に、DOE（Dividend On Equity ratio／株主資本配当率）があります。配当性向が当期の純利益で求めるのに対し、DOEは年間配当総額で求めます。DOEは積み上げてきた投資に対して配当金額が決まるため、年ごとの業績に左右されにくいメリットがあります。反対に、ある年に突出して高い業績を上げても配当金額に反映されにくいデメ

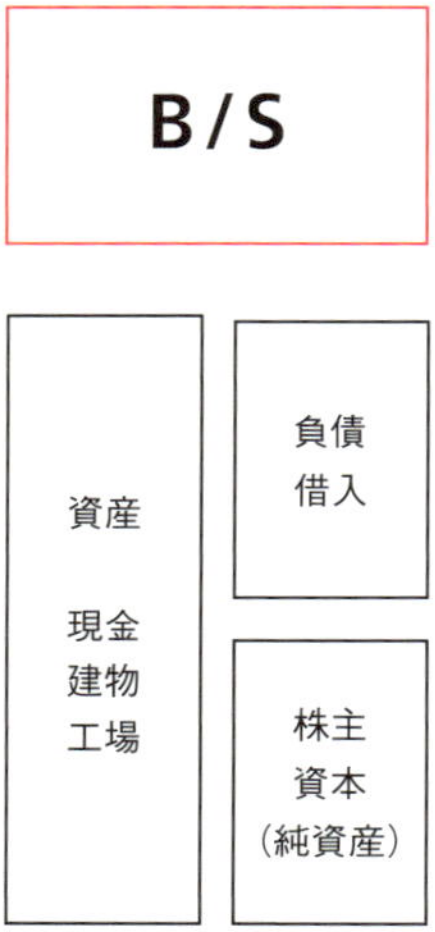

配当に関する指標

$$\text{DOE} = \frac{\text{年間配当総額}}{\text{株主資本}}$$

$$\text{DOE} = \text{ROE} \times \text{配当性向}$$

リットがあります。

バランスシート（ＢＳ）では、分母の株主資本に対して何％配当するかが分かります。企業資産の動きを基準に算出されるため、長期にわたって配当するというメッセージになります。そのため、近年はＤＯＥを発表しただけで株価がアップする事態が起こるようになりました。それだけ、バランスシートは重要な指標なのです。今後、トレンドが移り変わっても、機関投資家はトレンド銘柄に投資をし、比例して株価が動きますので、個人投資家の皆さんは、機関投資家に合わせてトレンドに乗った投資をしたほうが安心です。

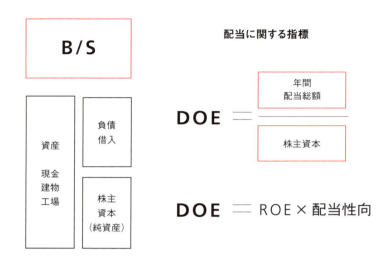

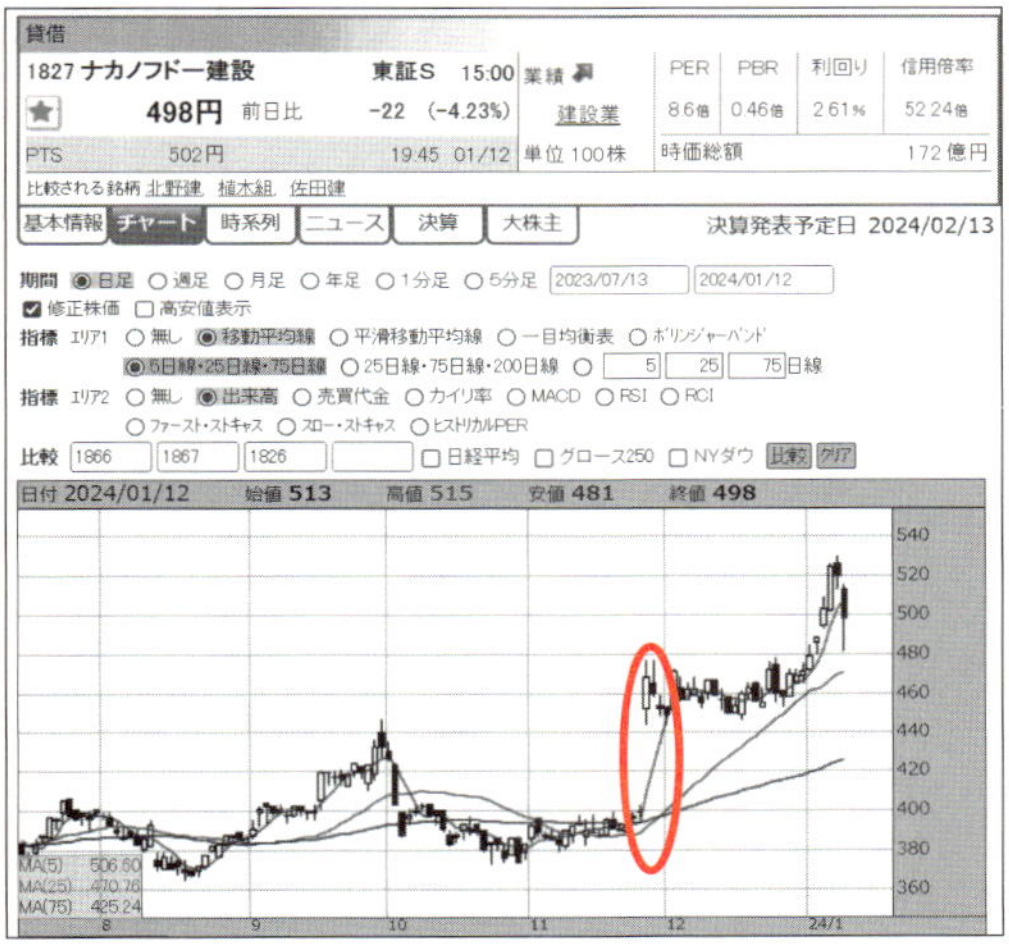

2023年11月27日

配当について
DOEに関する
数値目標を
策定すると予告

DOEの重要性を証明する事例があります。**DOEの目標値を2・5％以上にすると発表した北陸電気工事やナカノフドー建設の翌日の株価は、上向きの窓開け（価格の急上昇によりローソク足の間にぽっかりと穴が開く）でした。**まだ策定段階で決定していないにもかかわらず、です。

第5章
NISAの
始めかた、終わりかた

ＮＩＳＡとは

本書を手に取ってくださった方の中には、新ＮＩＳＡのスタートを機に投資を始めようと思った人もいらっしゃると思います。**ＮＩＳＡとは、個人の少額投資を非課税にして資産形成を支援する「少額投資非課税制度」のことを言い、２０１４年にスタートしました。**通常、資金運用をするときは利益や配当金に対して約20％の税金がかかりますが、ＮＩＳＡで運用した利益には税金がかかりません。例えば、株価が上がって10万円の利益が出た場合、通常は約20％の約２万円が税金となるので受取額は約８万円になってしまうのですが、ＮＩＳＡで運用していれば税金がかからないため、10万円すべてを受け取れます。

これまでＮＩＳＡは、上場株式や投資信託、ＥＴＦ（上場投資信託）、ＲＥＩＴ（不動産投資信託）などの「一般ＮＩＳＡ」と、毎月つみたてをしながら投資ができる「つみたてＮＩＳＡ」に分かれ、どちらか一方を選択する必要がありましたが、**24年からスタートした「新ＮＩＳＡ」では併用が可能となり、「一般ＮＩＳＡ」の名称が「成長投資枠」に変わりました。「成長投資枠」と「つみたて投資枠」の２種類の方法で投資ができるようになりました。**また、これまで有限だった非課税期間が無期限化され、あわせて非課税上限額も拡大されるなど、より投資しやすい制度になりました。

年間投資枠は、つみたて投資枠が40万円から１２０万円に、成長投資枠が１２０万円から２４０万円の合計３６０万円に増額され、成長投資枠の２４０万円をつみたてに回すこともできます（つみたての２４０万円を成長投資枠に回すことはできない）。さらに、保有限度額はつみたてと成長の合計で１８００万円までとなりました（但し、成長投資枠の上限は１２００万円まで）。旧ＮＩＳＡ時代に始めた人は、６００万円プラス１８００万円を運用できるので、よりお得です。

20歳から現金を毎月３０００円ずつ45年間貯めると、普通の預金では65歳時点で約１６０万円ですが、新ＮＩＳＡで投資信託の「オール・カントリー」に積み立てる

2023年までのNISAと新NISAの制度の違い

	2023年までのNISA制度		新NISA制度	
	2018年創設 つみたてNISA	選択制 2014年創設 一般NISA	つみたて投資枠	併用可 成長投資枠
年間投資枠	40万円	120万円	120万円	240万円
非課税期間	20年間	5年間	無期限化	
非課税保有限度額	800万円	600万円	1,800万円（総枠） 内、成長投資枠の上限額は1,200万円 ※簿価（投資額）で管理（枠の再利用が可能）	
制度期間	2023年まで		無期限	
投資対象商品	長期の積立・分散投資に適した一定の投資信託 金融庁の基準を満たした投資信託に限定	上場株式・投資信託 等	長期の積立・分散投資に適した一定の投資信託 つみたてNISA対象商品と同様	上場株式・投資信託 等 ①整理・監理銘柄 ②信託期間20年未満、毎月分散型の投資信託及びデリバティブ取引を用いた一定の投資信託を除外
対象年齢	18歳以上		18歳以上（注）	

（注）日本にお住まいで、口座開設する年の1月1日現在で満18歳以上の個人の方

※「NISAを知る」（金融庁）https://www.fsa.go.jp/policy/nisa2/know/index.htmlを加工して作成

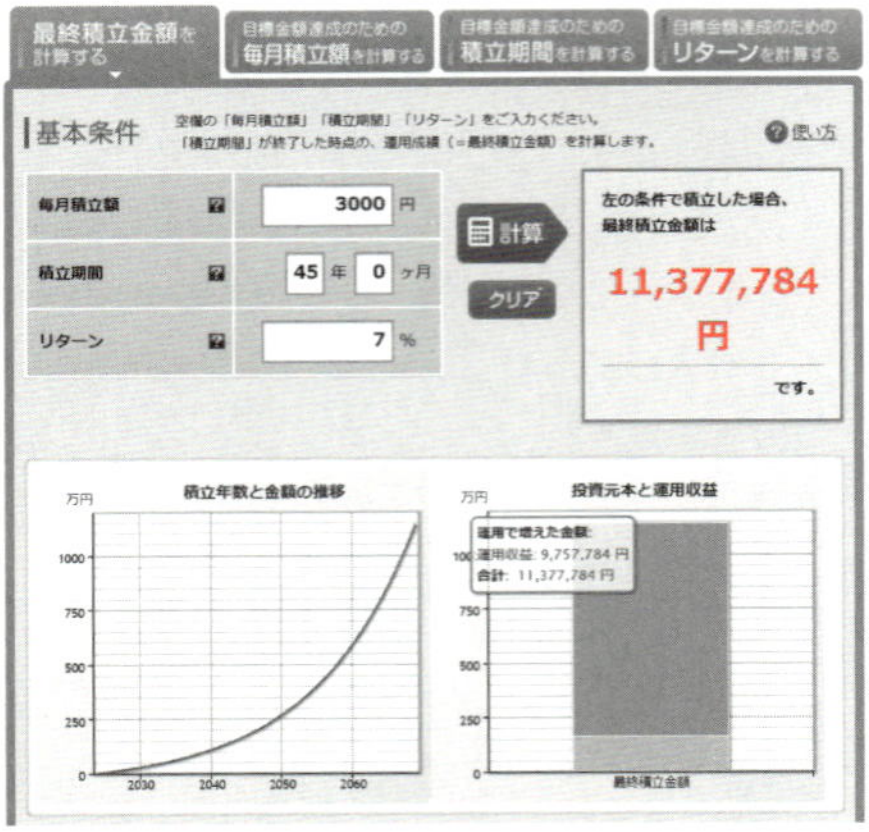

利益　970万円
積立　160万円

合計　1100万円

65歳 3000万円の資産形成 毎月積立額

NISA開始年齢（運用期間）	利回り3%	利回り5%	利回り7%
20歳（45年）	26,307円	14,804円	7,910円
30歳（35年）	40,455円	26,406円	16,657円
40歳（25年）	67,263円	50,377円	37,034円
50歳（15年）	132,174円	112,238円	94,648円
60歳（5年）	464,061円	464,061円	419,036円

出所：「日経マネー」新NISAで3000万円目指す 投資信託選びをプロが指南を参照、楽天証券シミュレーションより作成

と、970万円の利益が出て合計1100万円になる可能性があるという計算になります。3000円、あなどれません。これが、自力で資金運用しましょうというNISAの根本概念です。

20歳から毎月積み立てて、65歳で3000万円を貯めるシミュレーションをしてみると、年利が7％であれば毎月7910円、5％であれば毎月1万4804円、3％であれば毎月2万6307円で達成できる計算になりますから、無理な金額ではありません。

あるいは、50歳の人が80歳までに2000万円の資産形成を目指すイメージで考えれば、年利7％なら毎月1万6394円、

80歳 2000万円の資産形成 毎月積立額

NISA開始年齢（運用期間）	利回り3%	利回り5%	利回り7%
50歳（30年）	34,321円	24,031円	16,394円
55歳（25年）	44,842円	33,585円	24,689円
60歳（20年）	60,920円	48,658円	38,393円

出所: 楽天証券シュミレーションより作成

5%で2万4031円、3%なら3万4321円と、けっして非現実的な金額ではないと思います。

では実際に、新NISAを使って資金を増やすにはどうしたらよいか、投資信託を例にとって、説明しましょう。

投資信託に一定額を積み立てると、その資金を使って証券会社が運用してくれます。投資先は、証券会社が選択したインデックスファンドという株や債券のセットになります。インデックスの種類は複数ありますが、人気の商品は、年利が約9%のオール・カントリー（全世界株式）です。オール・カントリーの60%は米国株なので、オール・カントリーに投資をすると、自身の米国投資比率はおのずと高くなります。

	年平均利回り
オールカントリー	約9%
米国高配当株	約6.2%
新興国インド	約8～10%
国内株式	約5～9%
債券組入型	約1%

新ＮＩＳＡは年間３６０万円まで非課税となります。３６０万円をすべてオール・カントリーに投資してもいいですし、日本のインデックスや個別株への投資と分散してもかまいません。ただ、個別投資はハイリスクなのでご注意が必要です。

これから日本株を買っても大丈夫なのかについては、識者によって意見が分かれるところです。ただ、日経平均のチャートを見ると、前にも述べたように、バブル期以降下落し続けたものの、いまは適正な期待値で高値が戻ってきたので、利益がこのまま拡大していくのであれば日本株に投資しても悪くはないと思います。

マイルド・ポートフォリオ

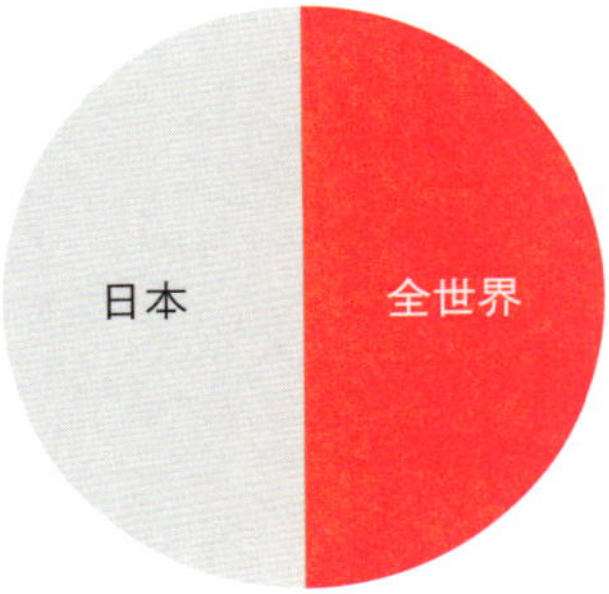

NISA攻め・ポートフォリオ

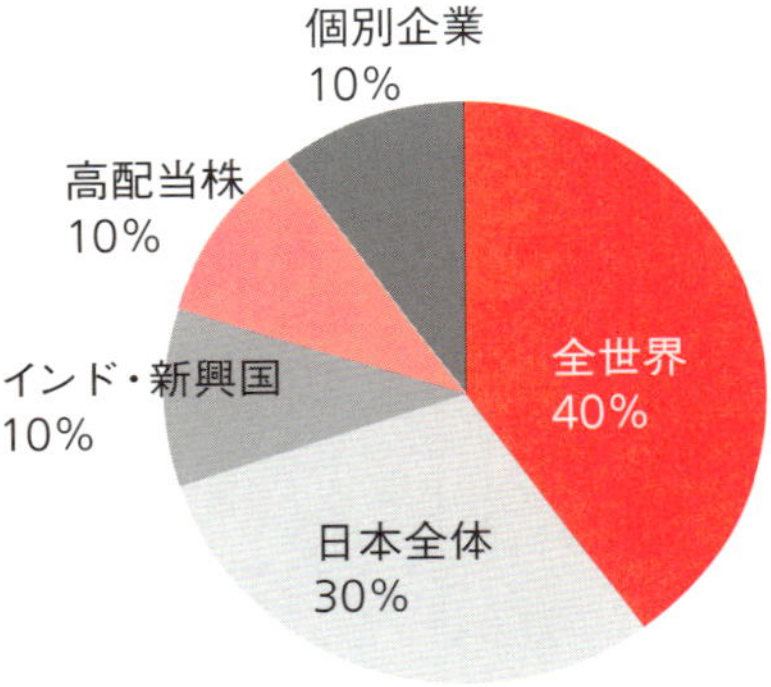

出所：日本金融経済研究所作成

高配当株は「累進配当株指数」をチェック!

高配当の株は、「しっかりインカム」の愛称で知られる「日経累進高配当株指数」というサイトを見れば、探すことができます。**累進配当とは、配当金を減配せずに配当水準を維持したまま、利益が成長すれば増配し続けることをいいます。**配当金を減らす企業もありますが、累進配当を表明している企業の配当は、最低でも下がらないし、業績が拡大すれば増配もあり得ます。「しっかりインカム」には、10年以上連続して累進的な配当を続ける企業30社が抽出

されています。毎年6月に銘柄更新されるので、毎年チェックすることをお勧めします。

金融庁のデータでは、投資信託で運用年数5年以内で止めた人は元本割れが多く、20年以上続けた人は2〜8%の利益が出たという結果になっていますので、長く続けることが成果を出すコツになると思います。

忘れてはいけないのが、**信託には手数料がかかるということです。NISAに関しては低めの設定にはなっていますが、それでも十年単位で続ければ大きな額になりますので、手数料は事前に知っておくことが大切です。**ちなみに、楽天証券のオール・カントリー（eMAXIS Slim 全世界株式）の管理費用（含む信託報酬）は0・05775%です。

NISAの終わりかた

これからは、**老後資金のためにNISAで投資をする方が多いと思いますが、貯まった老後資金をどう使っていくのか。それは、自分がどのような老後を過ごしたいのかにも関わってくる問題です。NISAなどによって貯めた資金は、老後どのように終わらせていけばよいでしょうか。**

仮に60歳で3000万円貯めたとして、取り崩しながら生活し、65歳からは年金ももらって生活していく場合、どう取り崩していくのかを考えていきます。

取り崩しかたは、大きく分けて2つの方法があります。

「定額取り崩し」と「定率取り崩し」です。

「定額取り崩し」は、毎月一定の金額を取り崩していく考えです。例えば、毎月16万円ずつ取り崩していくと、約15年、75歳で貯金は底をつきます。

しかし、ＮＩＳＡで資産形成した３０００万円の資産のうち、そのまま３％だけ運用し続けておくと、取り崩しを併用しても資金の寿命は6年延びて81歳までもちます。運用率を上げればさらに延びますので、90歳くらいまでの設定にしておけばお金の心配はかなり軽減されると思います。

一方、「定率取り崩し」にすると、資産が減るごとに取り崩す金額も減っていきます。毎月使える金額が一定のほうが安心する人は、定額にして、できるだけ資産を長く残したい人は定率を選ぶといいでしょう。

「定額取り崩し」と「定率取り崩し」

それでは、資産２０００万円を75歳から年３％で運用しながら取り崩す場合の「定額取り崩し」と「定率取り崩し」のパターンを見てみましょう。

まずは、**「定額取り崩し」で、80歳から１００歳まで毎月８万円の定額を取り崩していくと１００歳時点で６６０万円残ります。**

一方、年率６％の「定率」で取り崩していくと、80歳では８万５０００円の取り崩し、85歳では７万５０００円、90歳では６万５０００円になります。残高を増やしたいのか生活が均一のほうがいいかで選びます。多くの証券会社のサイトは、投資のシミュレーションができますので、大いに活用しましょう。利益が確定したら、できるだけその利益はさらなる投資に使い、現金化は必要なときだけにすることをお勧めします。

「定額取り崩し(月8万円)」と「定率取り崩し(年6.0%)」の比較シミュレーション(ゴールドオンライン)

		80歳	85歳	90歳	95歳	100歳
定額取り崩し	受取	8万円	8万円	8万円	8万円	8万円
	残高	1807万円	1582万円	1321万円	1018万円	660万円
定率取り崩し	受取	8.5万円	7.5万円	6.5万円	5.5万円	4.5万円
	残高	1718万円	1477万円	1269万円	1090万円	937万円

75歳から資産2,000万円を年3%で運用しながら取り崩す場合の「定額取り崩し」と「定率取り崩し」の比較シミュレーションです。毎月8万円の「定額取り崩し」を行うと、100歳で残高が660万円となります。これに対し、年率6.0%での「定率取り崩し」を行うと、受取額は年々減りますが、100歳時点でも937万円の資産が残ります。このことからわかるように、定額取り崩しよりも、定率取り崩しのほうが資産を長持ちさせることができます。

出所:日本金融経済研究所作成

資産形成はドライにNISAのポートフォリオでやりましょう。まずは2000万から3000万円を作ることが大事なのに、応援や好きな企業へのときめき投資をやっている余裕はないかもしれません。NISA枠ぎりぎりまで投資してなお余裕があるなら、応援したい企業へ投資するのもありでしょう。

自分をバランスシートで考える

自分の生きかたも、バランスシートで考えるといいと思います。

私の場合は就職に失敗し、その時から、自分のバランスシートを考えるようになりました。

小学4年生から始まった受験勉強。結局、大学院を卒業して就職するまでの間、学校に通う以外に「塾通い」を17年間もしていました。ダブルスクールの期間が長かっただけに、友人との遊びや部活、恋愛などさまざまなものを横に置いて過ごしてきました。

受験勉強を続けていた理由は「就職を成功させるため」。大企業に就職するか公務員になると思っていました。

学生時代の勉強を振り返ると「上滑りしている」感覚のまま進んでいました。1日12～15時間、机に向かって勉強時間を取っていましたが、自分の中で「腹落ち」できるまで1つ1つを学んでいなかったと思います。

常に焦りと隣り合わせで、大量の情報をインプットすることばかりに気を取られ、かみ砕いて理解して自分のモノにする前に、次から次へと学ぶことを増やしていました。そんな勉強方法を17年間も続けてしまった結果、薄っぺらい人間が出来上がっていたのだと思います。

そんな頭でっかちで、間違ったやりかたで勉強してきた私に対して、就活ではど

の企業からも「NO!」を突き付けられました。自己分析の甘さから、必要とされない人材だったのでしょう。しかし、なぜ、内定をもらえなかったのか、この理由は企業側は教えてくれません。なので、そこから10年以上たっても、私の根底にあるのは、どうしたら必要とされる人材になれるのか。言いかえれば、どうしたら周りの人の役に立てるのかを考え続けています。経済アナリストになったいまも、変わりません。誰にも必要とされないという、**世の中からの評価は正直であり、それが真実なのだと自分自身を見直すいい機会になりましたし、いまに続く、私の働く姿勢が、その時期に染みついています。**

就活に全滅したことで、自分の薄っぺらさに気づかされました。表面的な上滑りな人間のことを誰も必要としないのです。学歴は何の意味もなかったことが証明されています。

結局、中小企業に就職した私は、将来が不安で仕方ありませんでした。そのとき、自分のバランスシートを考えるようになりました。

そして、これまでの自分を捨てる。言葉を選ばずにいえば、自分で自分を殺してしまうほどに、従来のやりかたを変えました。

個人でいう負債＝バランスシートの右側は、将来のために勉強する本や新聞を

自分をバランスシート（貸借対照表）で考える

「自分の価値を高める仕事は無償でも受ける」
「自分の価値をすり減らす仕事は報酬が高くても受けない」

企業は借りたお金で成長

資産
・知識
・経験
・世の中からの信用貯金
・クオリティーの高い仕事実績
・投資のリターン

企業：現金・建物・工場

運用状況

企業は銀行からお金を借りる

負債
・勉強のための費用
・情報収集の費用
・スキルUPのレッスン
・勉強や情報収集にかける時間
・投資

利益

純資産
貯金
企業：資本金 利益剰余金

調達状況

買ったり、習い事をしたりする費用です。それは、自分自身に対する投資と考えました。「キホン」を徹底的に押さえて、専門性を高めることで、私の第2のチャレンジが始まりました。それが、いまの経済アナリストとしての仕事につながっています。

自分をバランスシートで考えるやりかたは、いまも同じです。

私の場合にたとえると、執筆料5000円の投資記事を書くために2万円の資料を購入したとして、その時点では赤字でも、そのメディアに寄稿したことをきっかけに自分の名前が知られたり、新たな執筆の依頼が来たりするので、価値ある投資となるということがあります。

私は27歳の時に、自分は一度死んだとさ

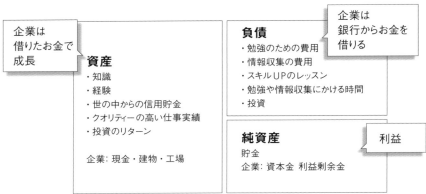

え思っていました。でも、ダメだったらもう一度、やり直すだけですよね。
人生のやり直しは、誰でもいつからでも、できるのだと思います。

金融の考えかたから生きかたを学ぶ

現金を３０００円ずつ45年かけて貯金しても１６２万円にしかなりませんが、ＮＩＳＡで運用したら９００万円の利益が出て１０００万円になる可能性があります。複利という仕組みによるものです。金融の考えかたから生きかたを学べます。

物理学者のアインシュタインは、「複利は人類最大の発明品である」「宇宙でもっとも偉大な力だ」と言ったとされています。

複利とは、投資で出た利益を投資元本（初期の投資額）にプラスして再投資することです。利益を再投資することで新たな利益が生み出され、ふくらんでいく効果が期待されます。

複利の感覚はしっくりこないため、自分のモノにできていない人も多いでしょう。株式投資はどうしても短期間で値幅を取るイメージがあるかもしれません。しかし、**株式投資こそ「種をまいて待つ」。「さらに時間を経て追加で種をまく」。すなわち「待ち」のスタンス**なのです。

ビジネスでも大きく育てるには種をまいてから、花が咲くまでしばらく時間がかかります。人の信頼も、信頼を勝ち得るまでに時間がかかります。

投資についても、正しい考えかたを身につけていない場合は、間違った方向に向かってしまいます。

株式投資とは、そもそも、ビジネスで戦っている企業に自分のお金を託す行為です。競合に負けない製品・サービスを作る企業や新しいビジネスモデルを「これは、いい！」と思って株主になります。究極を言えば、その企業を経営している「人」に投資をしています。

このように考えれば、投資先の企業が数日後にいきなり2倍の業績になるはずはありませんし、企業経営や企業で働いている人の活動量が急激に増えることもありません。企業の成長とは地道なものですが、日々刻々と変化していて一瞬たりとも同じ時はありません。

金融の考えかたから生きかたを学ぶ

1.「複利」
アインシュタインが「人類最大の発明」
「宇宙で最も偉大な力」と呼ぶ

2. 利子が利子を生み雪だるま式に増える

3. 成功者はあらゆる局面で複利思考を活用している

4. 金融の考えかたは、人生を通して役立つ

複利を使って長期投資を行う行為は、成熟した人間のみができることです。

投資には企業への投資以外に、不動産投資や金《ゴールド》や原油などの商品への投資などがありますが、企業への投資は少し意味合いが違います。

企業の成長に投資をするのは、子どもの成長と同じです。

赤ちゃんから成人になるまでの企業に投資するのか、人間でいう40代～50代の酸いも甘いも嚙み分けた業界で戦っている企業に投資するのか、60代以上の大物に投資するのか、はたまた偉大な祖先から受け継いだ由緒ある3代目に投資するのか。企業投資にも、さまざまなステージがあります。

子どもの成長に例えるならば、数日で2倍の身長になることはありません。企業も同じです。「数日で業績2倍」はあり得ません。しかし「数年」で業績が2倍になることはあります。

株式投資はなぜか、株価という無機質な数字で表現され、パソコンやスマホの画面で取引されると、一気に現実の世界から切り離されてしまいます。この切り離された感覚こそが、日本人が、「投資は危ないものだ」「投資は危険」と敬遠する理由だと思います。

でも、株価と企業の実態の姿は、リンクしていると私は思います。企業価値を表す株価も、本来は企業の成長度合いとビジネスにおける信頼の積み重ねと共にあるものです。最近は社会が成熟したこともあり、人類は振る舞いや考えかたに品性をまとうようになってきている部分もあります。つまり、**株式市場が必ずしも投機的ではなくなり、長期的な成長を見据えて資産形成をするという方向になってきていると思います。**

せっかくの人類の発明品である「投資という仕組み」と「複利の仕組み」を使いこなして、恩恵を最大限に受けてみようではありませんか。

NISAつみたて投資枠 シミュレーション

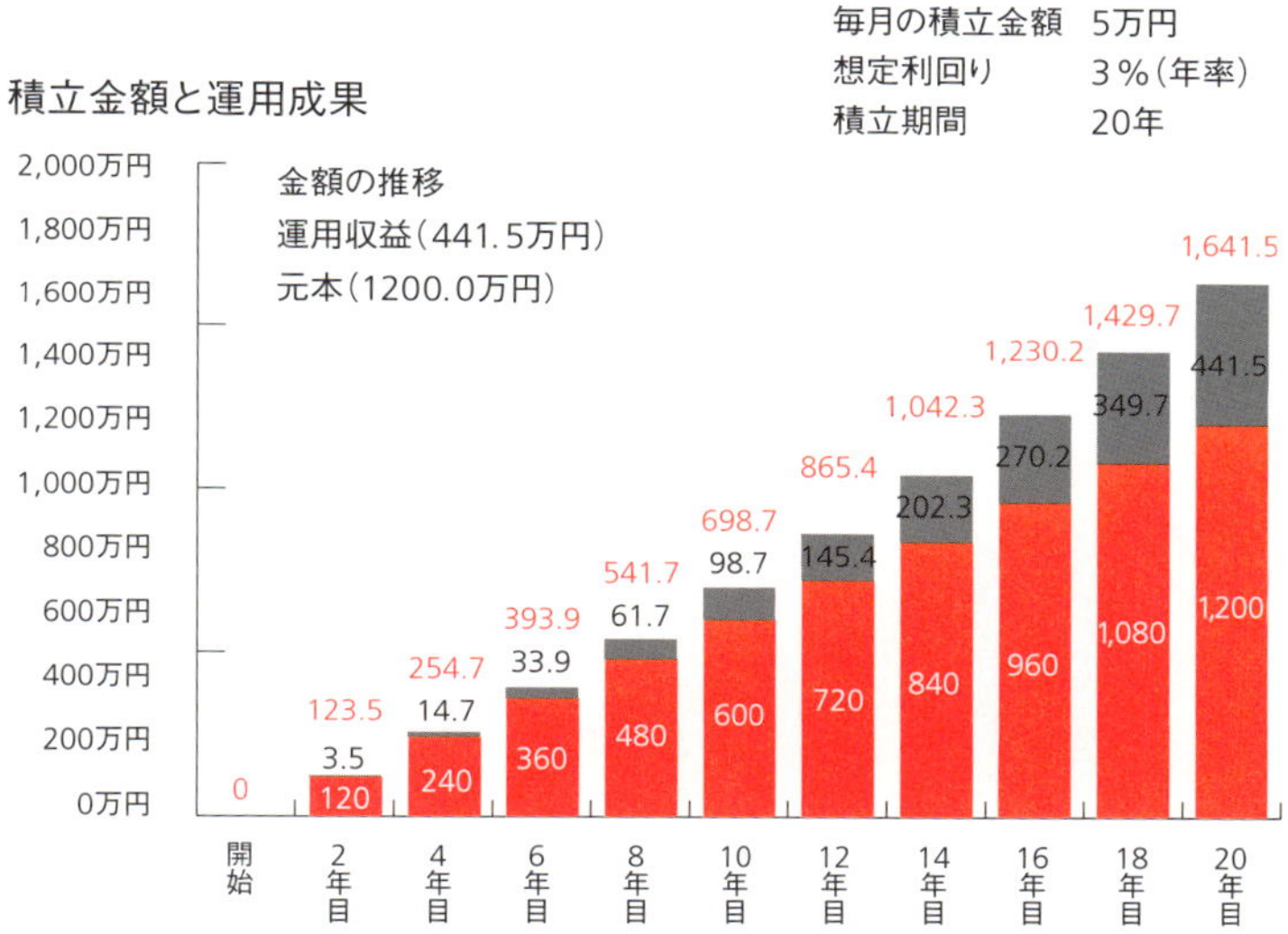

出所：日本金融経済研究所作成

人はなぜか、利子が利子を生む事実を受け入れられない

人はなぜか指数関数的に伸びていくことが腹落ちせず、利子が利子を生む事実を素直に受け入れられないのです。例えば、その日の株価の結果について記事を書いても、翌日にはこの記事を読む価値はほぼなくなりますが、人生を通しての資産形成の話であれば3年間は読んでもらえます。1つの記事を500円で販売しても、長く読んでもらえればそれなりに売上は蓄積され複利が生まれます。私はこの10年間、利益が利益を生んで利子が利子を生むので○○を

リスクは？「リスクとリターン」

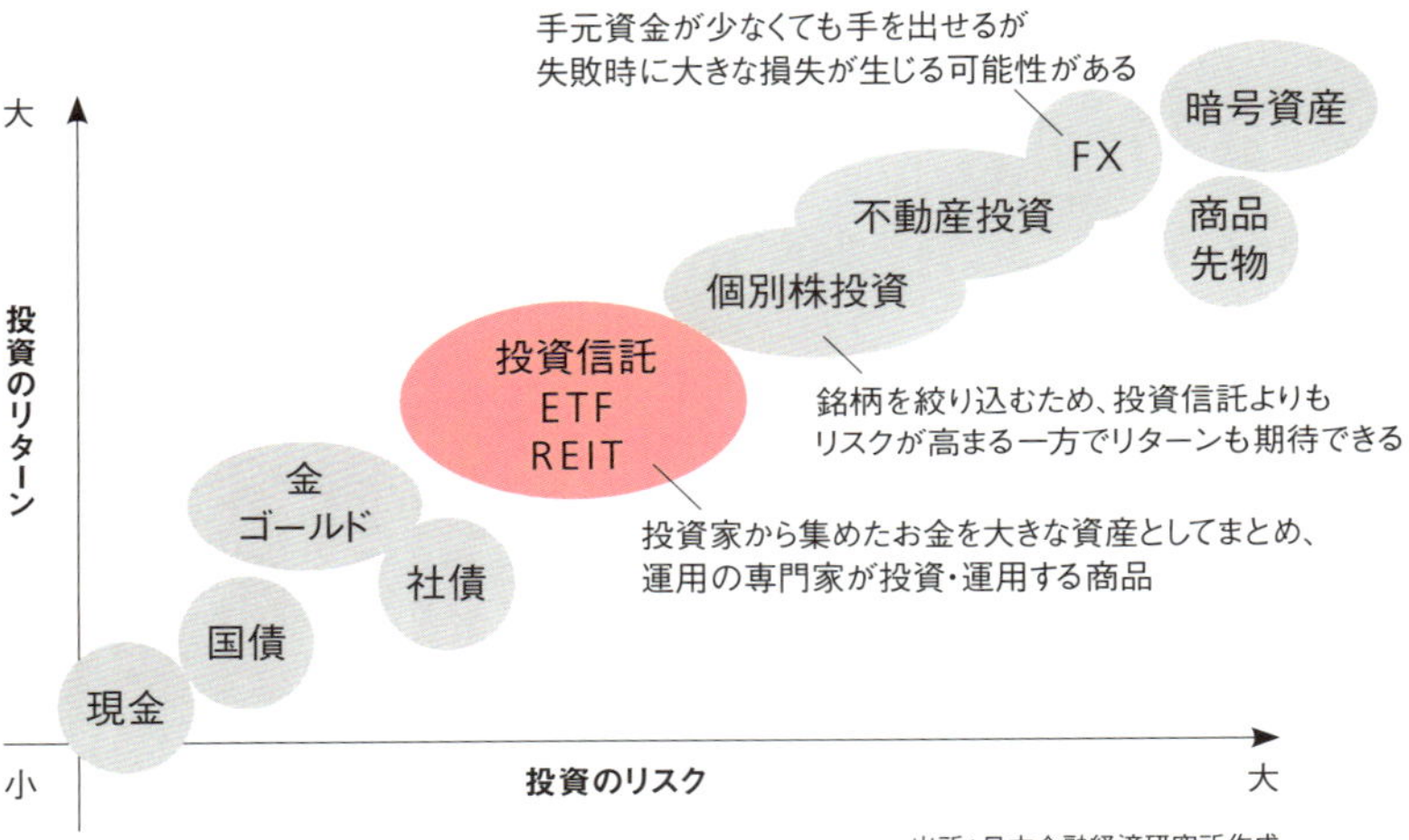

出所：日本金融経済研究所作成

やりましょうと話してきましたが、あまり反応はなく、複利に関心が向き始めたのは最近です。

日本はまだ現金主義の人が多く存在しています。現金はリスクが少ないですが、リターンもありません。**でも、どんな人生でも、まったくリスクがないし、リターンもないということはあり得ません。資産の形成は人生と同じです。**

上の図は、左下から資産の形成方法でリスクとリターンとの関係を示したものです。左下から右上に上がるにしたがって、リスクもリターンも大きくなっていきます。

賃金が上昇せず物価だけが上がっているいま、現金はむしろマイナスです。次は国債。国の裏付けとして発行する債権国債。企業の裏付けとして発行する社債。金（＝ゴールド）がこの辺りです。

次に、投資信託、ＥＴＦ、ＲＥＩＴ＝（不動産投資信託）。全部投資信託ですが、投資家から集めたお金をプロが運用する商品投資信託をお薦めします。

商品先物やＦＸ、暗号資産に手を出す必要はありません。一般的には、ＮＩＳＡで十分です。プラスアルファとしてゴールドを持つのもいいでしょう。

ただし、ネット上などで横行している詐欺には十分注意が必要です。**世の中には、著名人の顔写真を無断で使用した詐欺投資の誘いがたくさんあります。それらは正規の証券会社を通さず、個人や知らない口座に振り込み誘導します。**投資先が事業登録されている金融商品取引業者かを必ずしっかり確認して始めましょう。

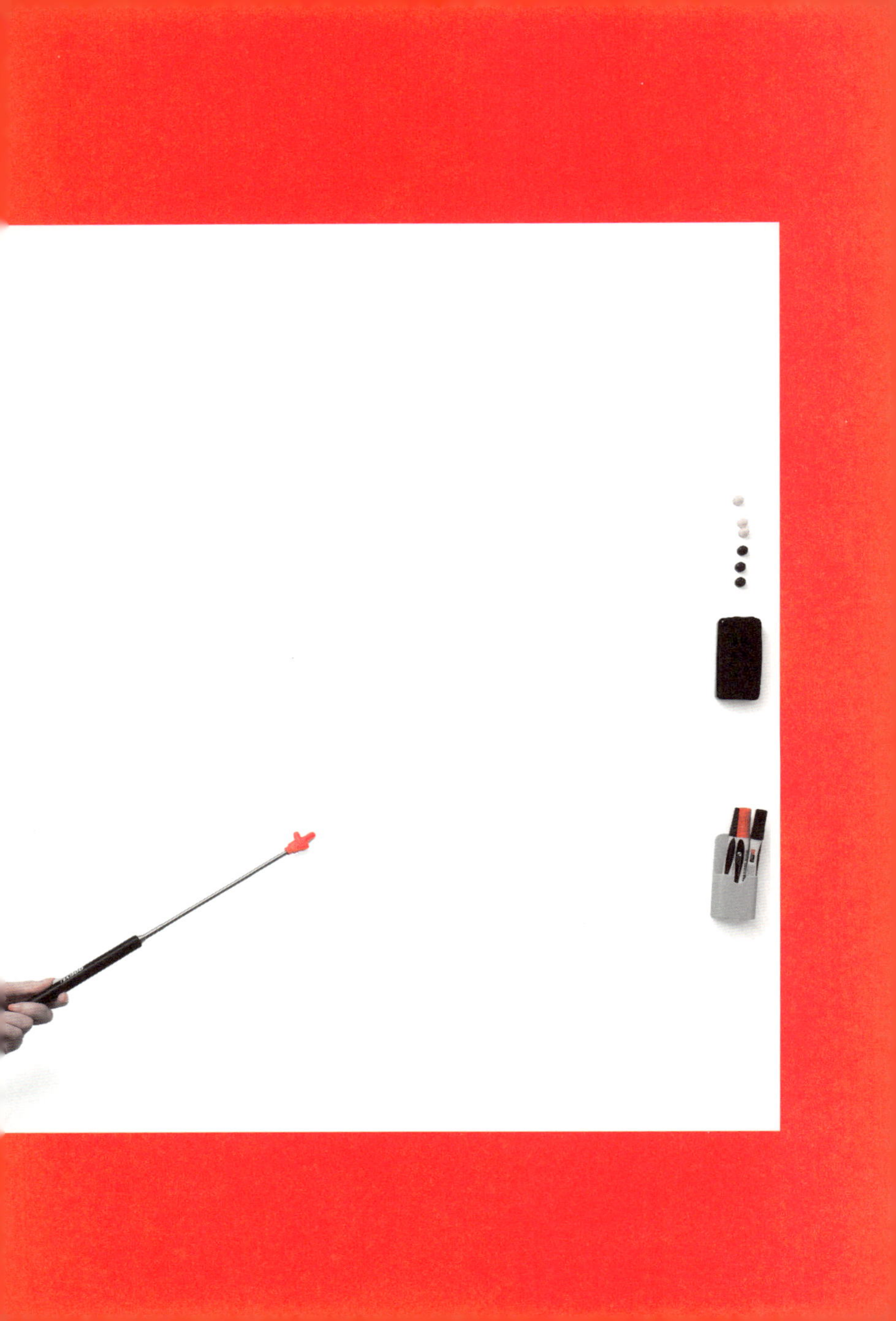

第6章

業種・大型株・割安株の意味を知る

日経225とTOPIX-17

2022年4月4日に、東京証券取引所の市場が再編されました。それまでの東証1部、2部、JASDAQ、マザーズの4市場が、プライム、スタンダード、グロースの3市場に変わりました。

プライム…株主数800人以上、時価総額250億円以上
スタンダード…株主数400人以上、流通株式時価総額10億円以上
グロース…株主数150人以上、流通株式時価総額5億円以上

それぞれに上場するためには審査があり、最も厳しい審査基準が設けられている最上位市場はプライムです。

日本株の相場は、日経２２５とＴＯＰＩＸ（東証株価指数）で見ることができます。日経２２５とは、東証プライムに上場する銘柄から日経（日本経済新聞）が選定した優良２２５銘柄の株価平均をいい、１株単価が高い企業の価格に影響されやすい特徴があります。ＴＯＰＩＸ（Tokyo Stock Price Index）は、主にプライムに上場する約２２００銘柄の時価総額のインデックス（株価指数）で、時価総額、つまり価値が高い企業の影響を受けやすい特徴があります。日経２２５は平均値、ＴＯＰＩＸは偏差値と考えると分かりやすいかもしれません。

新聞などで見かける「インデックス運用」は、日経２２５やＴＯＰＩＸの指数に連動した運用方法をいい、現在は、株価の乱高下に左右される日経２２５よりも企業価値で判断できるＴＯＰＩＸがトレンドになっています。時価総額が大きい企業は機関投資家やプロの投資家が買うため、安心度が高いと言えるでしょう。

上場企業33業種を知る

上場株は、33種の業界に分けられます。そのうち、**TOPIX銘柄を17業種に分けたものをTOPIX-17といいます**。33種のうち、例えば1の水産や農林、2の食料品はＴＯＰＩＸの食品に入ります。半導体は9の電気・精密に入ります。

業種ごとにＰＥＲは異なりますので、自分に関係する業種の基準的なＰＥＲは把握しておくといいでしょう。ＪＰＸ（日本取引所グループ）が発表した24年4月時点での33業種の 業種別平均ＰＥＲを見ると、ＩＴ企業（情報・通信業）のＰＥＲ平均は24・9倍あります。ＩＴ企業は小さなオフィスと少ない人数で経営でき、設備投資費用がかからないことから、利益が出やすく、期待値（ＰＥＲ）が極めて高い傾向にあるのです。

輸送用機器は工場などの設備投資と、運ぶモノを作る人ありきの業界なので、Ｉ

東証では、プライム銘柄を33業種に分類して、
業種別株価指数を算出・公表しています。
TOPIX-17はそれらの33業種を次のように17業種に集約したものです。

東証33業種

1 水産・農林業
2 食料品
3 鉱業
4 石油・石炭製品
5 建設業
6 金属製品
7 ガラス・土石製品
8 繊維製品
9 パルプ・紙
10 化学
11 医薬
12 ゴム製品
13 輸送用機器
14 鉄鋼
15 非鉄金属
16 機械
17 電気機器
18 精密機器
19 その他製品
20 情報・通信業
21 サービス業
22 電気・ガス業
23 陸運業
24 海運業
25 空運業
26 倉庫・運輸関連業
27 卸売業
28 小売業
29 銀行業
30 証券、商品先物取引業
31 保険業
32 その他金融業
33 不動産

TOPIX-17

1 食品
2 エネルギー資源
3 建設・資材
4 素材・化学
5 医薬品
6 自動車・輸送機
7 鉄鋼・非鉄
8 機械
9 電気・精密
10 情報通信・サービス その他
11 電力・ガス
12 運輸・物流
13 商社・卸売
14 小売
15 銀行
16 金融(除く銀行)
17 不動産

出所:日本金融経済研究所作成

T業界に比べると利益を出しにくい傾向にあります。サービス業も、日本はまだ薄利多売なビジネスモデルなので利益を出しにくい業界です。海運業は外国有事などの地政学に左右されやすいので、リスクが高い業界と見られます。この中で、自分が投資する企業が業界のPER平均値より高ければ買われすぎ、低ければ売られすぎ、と判断できます。

投資する業界や日経平均の動きなどを日々チェックしていると、「日本はいま、米中対立や台湾有事に備えて工場を国内に誘致しているな」とか、「それはジュード・ワニスキー氏が命名したサプライサイド経済学*のことだな」といった推測をするようになり、それによって地政学や経済に対する視野が広がり、いまの自分より遠い世界まで見通せるようになります。

景気に敏感な業界と左右されない業界を知ろう

市場では、国内外の景気に左右されやすい業界とあまり左右されない業界があり、左右されやすい業界を景気敏感セクター、あまり左右されない業界をディフェンシブセクターと呼びます。**景気敏感セクターは、素材・化学・自動車・輸送機・機械・電気機器・精密機器など**が該当し、国内外の景気変動を受けて受発注量が大きく変動します。**ディフェンシブセクターは、食品・医薬品等の生活必需品や電力・ガス・運輸・物流など**のインフラ系などが該当し、景気が悪くても戦争が起きても必要なものを扱う業種は、景気に影響されにくいといわれています。

たとえ不況で日経平均株価が下がり続ける状況でも、値下がり率が低く、「底堅い動き」をします。

その他、銀行・不動産・証券・保険など、金利変動の影響を受けやすい業種を金利敏感セクターといいます。通常、金利が上がる金融・証券・保険は業績が拡大する事業で、このセクターの現状は堅調に推移しています。

投資の視点では、景気がいいときは景気敏感セクターの銘柄を選び、景気が下向きのときは内需期待でディフェンシブセクターを選ぶという判断ができます。各セクターの特徴を知ると、持ち株のバランスを見ながらポートフォリオを組めるようになります。不動産は金利上昇で腰折れするリスクがありますが、適度な金利水準、景気を腰折れさせないスピードでの利上げであれば、インフレ環境から不動産が好調になるシナリオもあります。

株は大型・中型・小型に分かれる

株にはまた、大型株、中型株、小型株という概念もあります。これらの概念は、TOPIXのプライム、スタンダード、グロースとは別に、投資の対象となる株の規模を表しています。

大型株は、TOPIX構成銘柄の中で時価総額と流動性が高い上位100銘柄です。主に、発行済株式総数が2億株超、資本金1000億円以上、または株式総数10億株以上、時価総額3000億円以上のものが該当します。

中型株は、大型株に次いで時価総額と流動性が高い上位400銘柄。時価総額1000億から3000億円のものがあてはまります。

小型株は、その他の全銘柄で、時価総額1000億円以下のものです。

（東証の定義による）

機関投資家は2000億円以上の大企業を中心に投資をしますので、大型株のほうが安全といえます。たまに、小さい企業も対象にする機関投資家がありますが、それでも500億円ぐらいまでです。500億円より下の企業は、主な投資者が個人です。こうした場合には、噂や嘘で寄りつく「イナゴ投資家」によって株価が乱高下したり、ブームが去ると誰も寄りつかず売買が成立しない危険性があったりします。

ちなみに、イナゴ投資家によって生まれるタワー型の株価チャートを「イナゴタ

ワー」と呼びます。堅実に長く投資を続けるのであれば、目利きになるまでは機関投資家に習って大型株を買うことをお勧めします。

日本は成長株が少ない？

日本の主要企業の時価総額に占める無形資産の割合をＳ＆Ｐ５００と日経２２５で比較すると、２０２０年時点でＳ＆Ｐ５００は90％、日経２２５は32％と大きな差があります。無形資産とは、研究や開発、特許、人材育成など目に見えない資産を指し、工場や機械など目に見える有形資産の対《つい》になります。

これはつまり、米国はＤＸ（Digital Transformation）やＡＩにたくさんの予算を投下しているのに対し、日本は建物や機械などに予算を使っているということになります。この結果１つからも、米国ではＧＡＦＡＭ（Google、Amazon、Facebook、Apple、Microsoft）を生み出し、日本はデジタル化に遅れてしまった理由

の1つが見て取れます。

GAFAMはコロナ禍のとき、多くのリストラを実施しました。彼らは、そこで出た利益をAIに投資し、それが現在の発展につながりました。一方の日本は、内部留保で雇用を守った一方、センセーショナルな新技術は生まれませんでした。

そもそも日本は、無形資産を評価しない国なのです。企業が銀行に融資を依頼するとき、工場など担保にできる有形資産のほうが審査に通りやすく、研究開発費や人材への投資に厳しい現状があります。

日本でも、無形資産への投資可否の議論は過去50年間にわたり繰り広げられてきました。これまでは否定的な意見に阻まれてなかなか前に進みませんでしたが、最近は少しずつ前向きな姿勢に変わっています。無形資産はモノがないだけに判断基準が難しい側面がありますが、米国は、事業全体で評価する事業性融資の形をとっています。それを日本でも採用すれば、無形資産を評価しやすくなると思います。国が無形資産を評価すれば、上場企業はもちろん、非上場企業も無形資産に予算をつけやすくなり、日本企業も新技術の開発や人材育成に投資できるようになります。

事業性融資とは決算書の内容や保証・担保だけで判断するのではなく、事業内容や成長可能性等も評価して行う融資のことです。

24年、国会で事業性融資推進法（事業性融資の推進等に関する法律）という法案が可決、成立しました。私は、国会の参考人として意見陳述する機会をいただき、法案成立に微力ながら尽力させていただきました。光栄なご機会を賜りましたことを心より感謝申し上げます。今後、２年半以内に施行予定です。これから、無形資産に対して融資を受けられる企業の活用が増えれば、その事例の普及活動も行っていきたいと思っています。

インフレ時代の投資先

インフレ時代のいま、個人投資家の堅実な投資先は、これまでの説明通り大型株です。時価総額が小さい企業、これから成長が期待できる企業が多いグロース市場

の株はいま不人気です。ただ、アメリカが利下げに踏み切り、リスクオン相場に移行すれば、ようやくグロース企業にも注目が集まる時期かと思います。

■エコノミック・モート

投資界の第一人者である米国のウォーレン・バフェット氏は、購入企業を見極める際に企業の優位性を意味する「エコノミック・モート（Economic Moat）」を大切にしています。日本では「経済の堀」と呼ばれ、参入障壁の高さを表します。エコノミック・モートは、５つの視点に分けられます。

1. 無形資産とブランド価値
コカ・コーラやディズニーなど、唯一無二のブランドであること

2. 乗り換えコスト
業務クラウドや医療機器など、乗り換えが難しいシステムや物品を扱っていること

3. ネットワーク効果
ＶＩＳＡカードなど、一度普及すると他社が追随しにくい事業や仕組み

バフェット流 エコノミック・モート

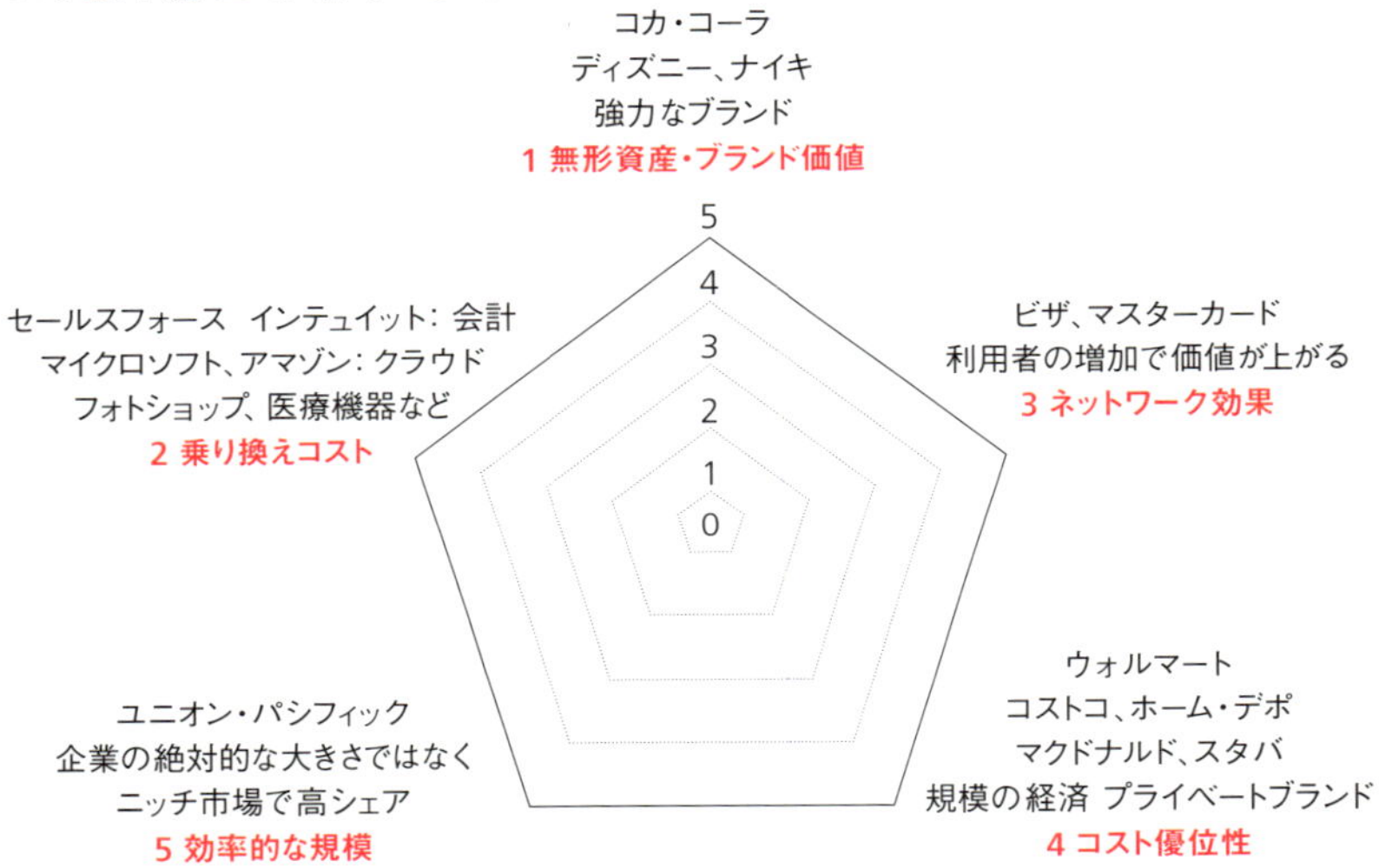

出所：日本金融経済研究所作成

4. コスト優位性

コストコ、ウォルマート、マクドナルドなど大量出店と大量生産、人や商品の循環などで単店あたりのコストを抑えられる状態

5. 効率的な規模

企業全体の規模ではなく、地域限定で有力な企業や部品限定で世界一の企業など

5つのポイントを満たしている企業ほど優良という判断材料です。

■グロース株・バリュー株

グロース株は、ベンチャー企業やIT企業に多い傾向があります。バリュー株は、

PBR1倍割れのような企業が改善発表したお得株を指します。グロース株、バリュー株の人気比率は時によって変わり、どちらが良い悪いという判断はできません。2024年は、グロース株よりもバリュー株に人気があります。

「金融業界の発展に貢献したい」思いが東証に届いた日

私は、2024年2月より、東京証券取引所で「ユース世代による未来の金融リテラシーピッチコンテスト」の審査員長を務めさせていただきました。このお声がけをいただいた矢先に、乳がんが見つかり、24年1月に手術をしました。

手術前後に決まっていたほとんどの仕事を断りましたが、金融業界の発展に大きく関わる3つの仕事だけは残しました。**1つは、日本証券業協会が2月13日の「NISAの日」にちなんで開催したイベントへの登壇。**5大証券と呼ばれる、SM

ＢＣ日興証券、大和証券グループ、野村ホールディングス、みずほ証券、三菱ＵＦＪモルガン・スタンレー証券（社名五十音順）のトップが出席されていました。みなさまに感謝の気持ちでいっぱいです。素晴らしくも光栄な機会をいただいたおかげで、術後のリハビリにも力が入りました。

２つ目は、金融庁の会議への出席。そして３つ目が、先ほどお伝えした東証が主催する若者の金融リテラシー向上を目的としたピッチコンテストの審査委員長でした。ピッチコンテストは手術直後だったため、東証側は会場に来なくてもいいと言ってくださいましたが、私としては「たとえこれで傷口が開いても、命が途絶えても、金融業界の未来のためなら後悔しない」という気持ちが勝ったので出席しました。この仕事を始めてからずっと、いつか金融業界の仕組みを作る場所で仕事がしたいと思っていた私にとって、断る選択肢はありませんでした。

そんな私の熱い思いを受け止めてくださった東証のみなさまに感謝の気持ちでいっぱいです。その後、体調を見ながらですが、仕事に復帰しています。一番しんどい時に、この３つの仕事を大切にできたからこそ、いまでも前向きに生きることができています。

＊サプライサイド経済学（ＳＳＥ）は、マクロ経済学の一派で、供給側（＝サプライサイド）の活動に着目し、「供給力を強化することで経済成長を達成できる」と主張する一派のことである。ジュード・ワニスキーによって命名。

第7章

投資に役立つ
キーワード
徹底図解

東証の市場改革はなぜ実施されたか

2023年3月、東証がプライム市場とスタンダード市場の全上場会社に「資本コストや株価を意識した経営の実現に向けた対応」を要請しました。投資家から預かったお金をいかにうまく事業につなげて投資家にリターンできているか、**PBR1倍割れになっていないか、ROEが8％を超えているか認識して、不足部分は改善策を立てて投資家に発表してください**、満たしている企業も、現状の認識と今後さらにどのように成長を描いているのか発表してください、というお達しです。この要請はPBR1倍割れの企業だけが取り組むのではなく、プライム市場、スタンダード市場全社に要請されたものです。さらに、1年後に資本コストが改善したか、あるいは株価がちゃんと改善したかを確認、分析するPDCAを回し続けてくださいというところまで踏み込んでいます。

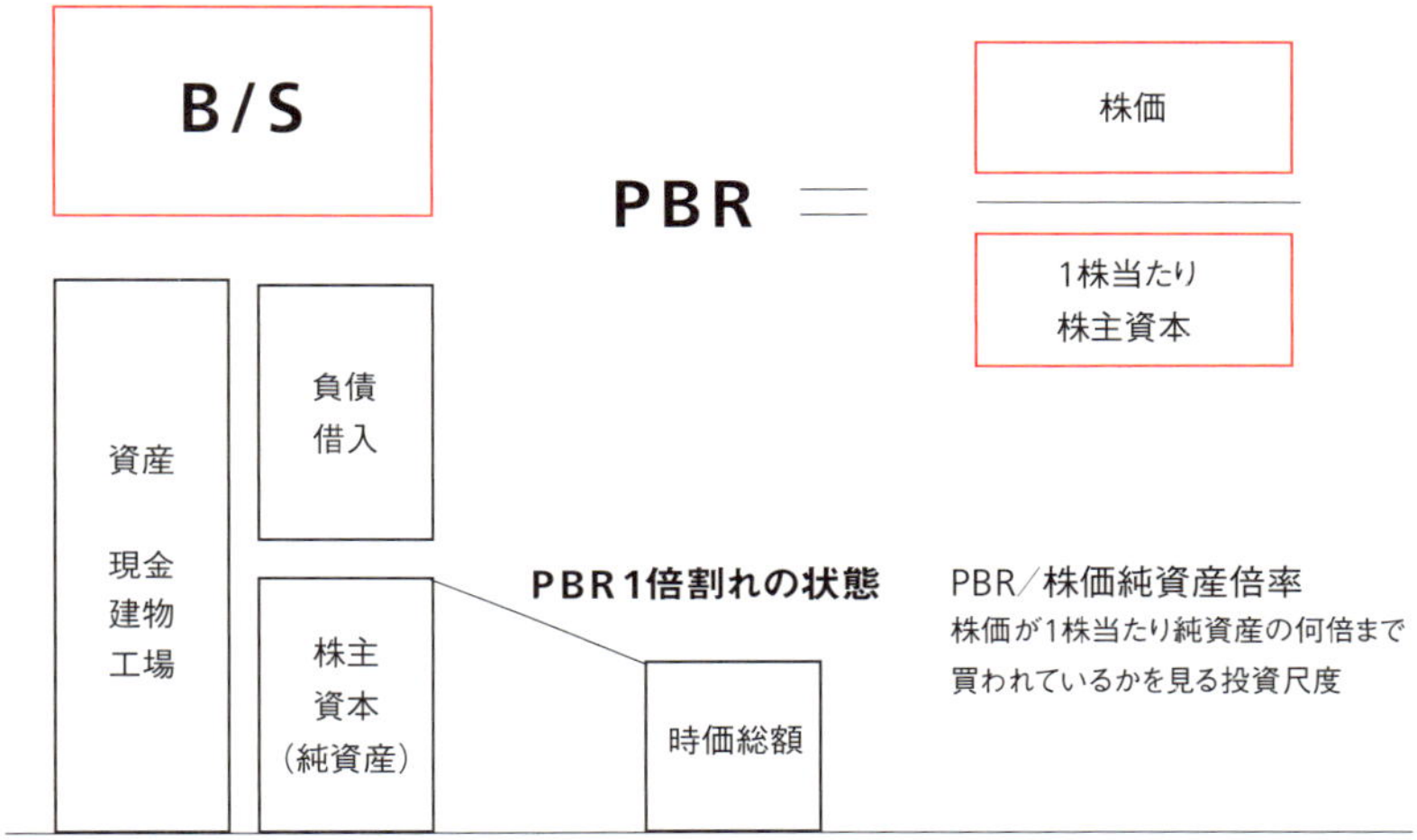

バランスシートの株主資本の項目に入る投資コストは、使わずに貯め込んでいる企業が多いので、バランスシートを見ながら成長分野に使ったり、配当したり、自社株買いをしたりしなさいというメッセージです。

資本コストを効果的に使い、売上利益を高め、利益を投資家に還元していくためのベストな方法は、やはり成長分野への投資です。非採算部門を売却して、そのお金を成長分野に投資していくＭ＆Ａを含めたアクションです。ですが、Ｍ＆Ａはそう簡単ではないので、２つ目の方法として配当を出すことになります。また、自社株を買うときも株主資本を使います。市場に出回っている自社株を買い戻し、消却することで株数を減らすことになるので1株当たりの価値を高めます。

M&Aや成長投資、配当、自社株買い、この3つが資本効率を高めるやりかたですが、実際は成長投資へお金が回っておらず、ほとんどは配当と自社株買いに使われています。「それではいつまでたっても企業は成長しない」ことになります。東証も資本コストや株価を意識した経営について、PBRだけに焦点が当たってしまったことは本来の意図と異なると述べています。

東証から経営者へのメッセージの真意

ここで改めてPBRの話をします。

東証が「資本コストや株価を意識した経営の実現に向けた対応」を発表した後、「PBR1倍割れ」を解消する動きが加速しました。PBR1倍割れは、前述したように、会社の時価総額が預かっている株主資本の価値よりも低い状態を指すので、「このままではだめ」という忠告になります。時価総額は、株価の上昇がなければ変わりません。この数字を改善するために、1つの方法として、株主資本を小さくしてPBRを大きくするやりかたがあります。

配当を出したり自社株を買ったりすれば、1倍割れは解消しますが、それは本質的な成長ではありません。株主資本を使うので、「もっと成長分野にお金を投じて時価総額を上げましょう」と提言しているのです。東証は

PBRとあわせて見ておきたい指標が第4章でご紹介したROE、そしてDOEです。ROEは、株主資本に対してどのくらい利益が出ているのかを示す指標です。ここ数年で、PBRとROEの自社水準認識を発表する会社は多くなりました。このように、「資本コストや株価を意識した経営」と聞くと、高配当や自社株買いをする企業に目が行きがちですが、東証の意図は別のところにあるのです。時価総額は株価と連動しますので、株価が上がれば時価総額も上がります。

資本を調整すると見た目のPBRは改善できますが、東証のメッセージは、株価を上げるために、もっとIR（Investor Relations　詳細は第8章参照）に注力し

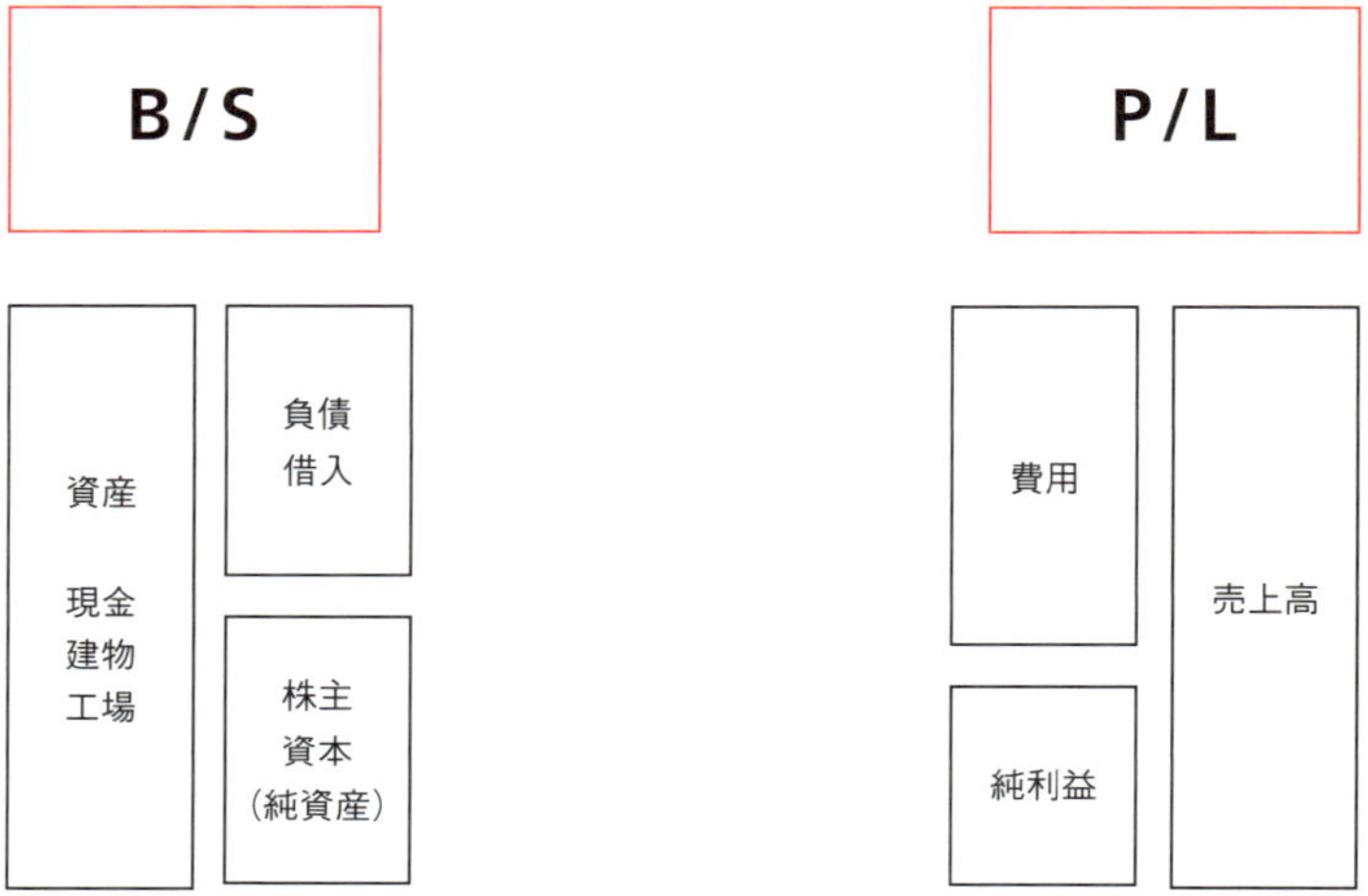
B/S
資産
現金
建物
工場
負債
借入
株主
資本
（純資産）
P/L
費用
純利益
売上高

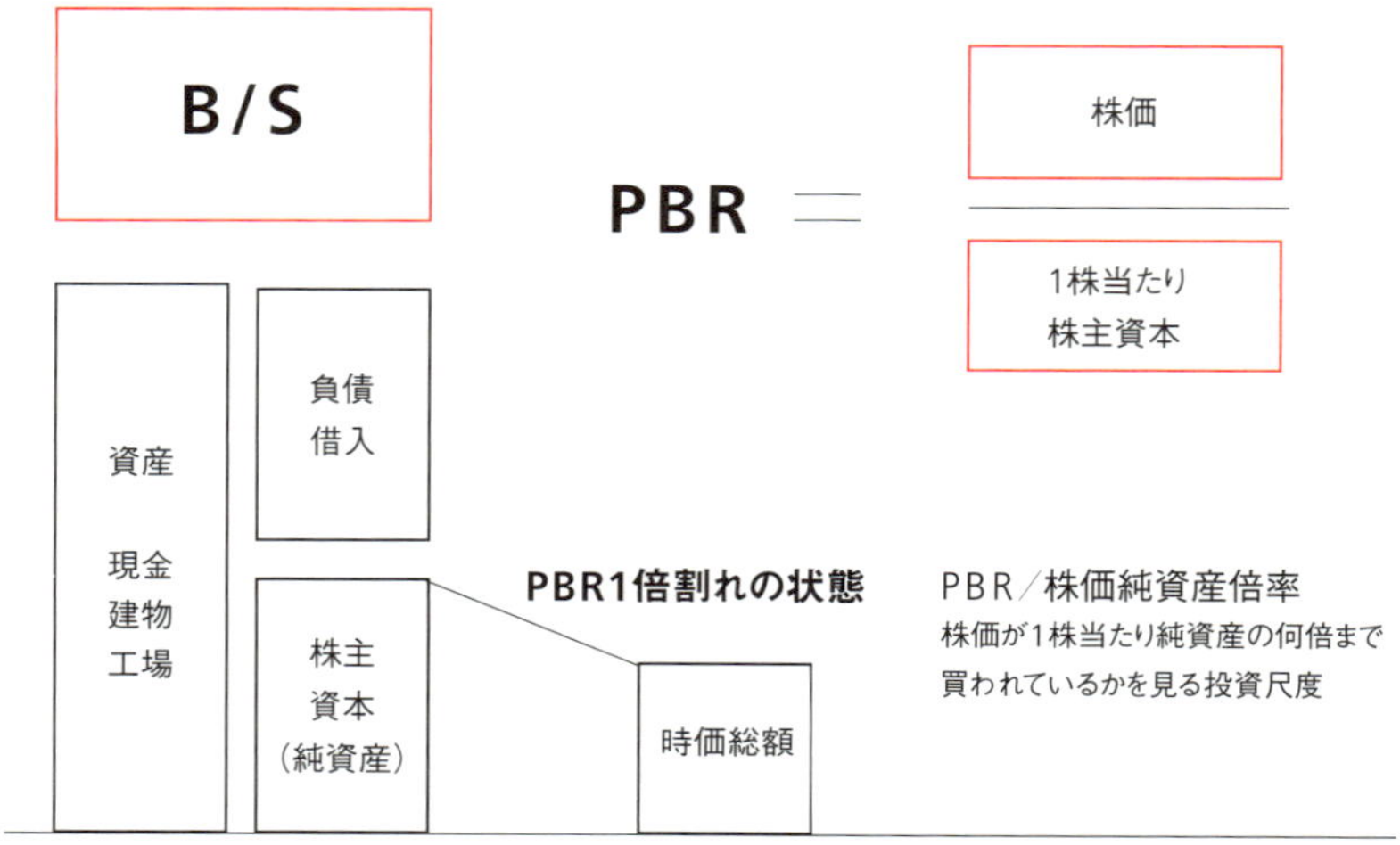
B/S
資産
現金
建物
工場
負債
借入
株主
資本
（純資産）
PBR ＝
株価
1株当たり
株主資本
PBR1倍割れの状態
時価総額
PBR／株価純資産倍率
株価が1株当たり純資産の何倍まで
買われているかを見る投資尺度

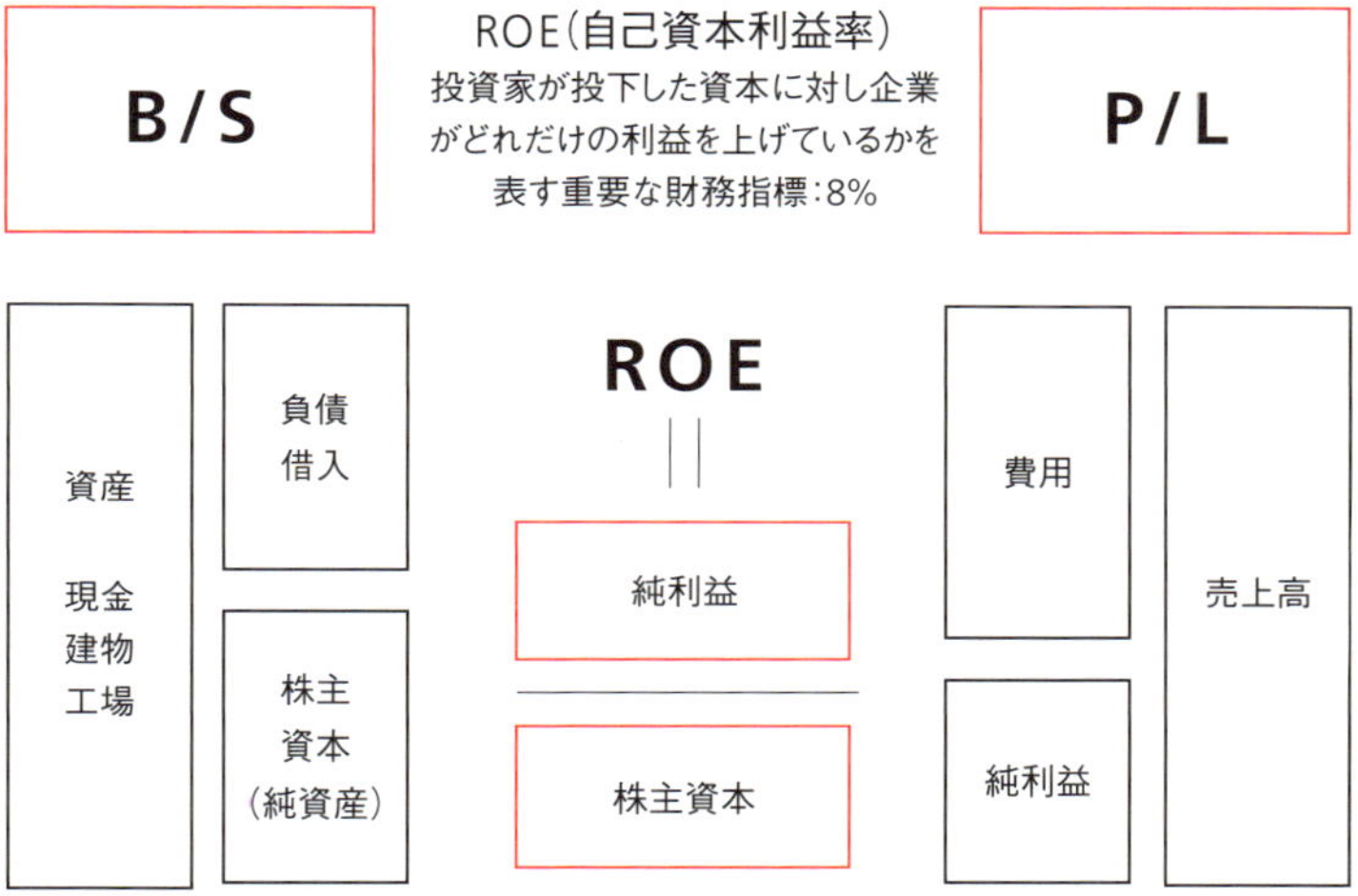
B/S
ROE(自己資本利益率)
投資家が投下した資本に対し企業がどれだけの利益を上げているかを表す重要な財務指標:8%
P/L
資産
現金
建物
工場
負債
借入
株主
資本
(純資産)
ROE
=
純利益
株主資本
費用
純利益
売上高

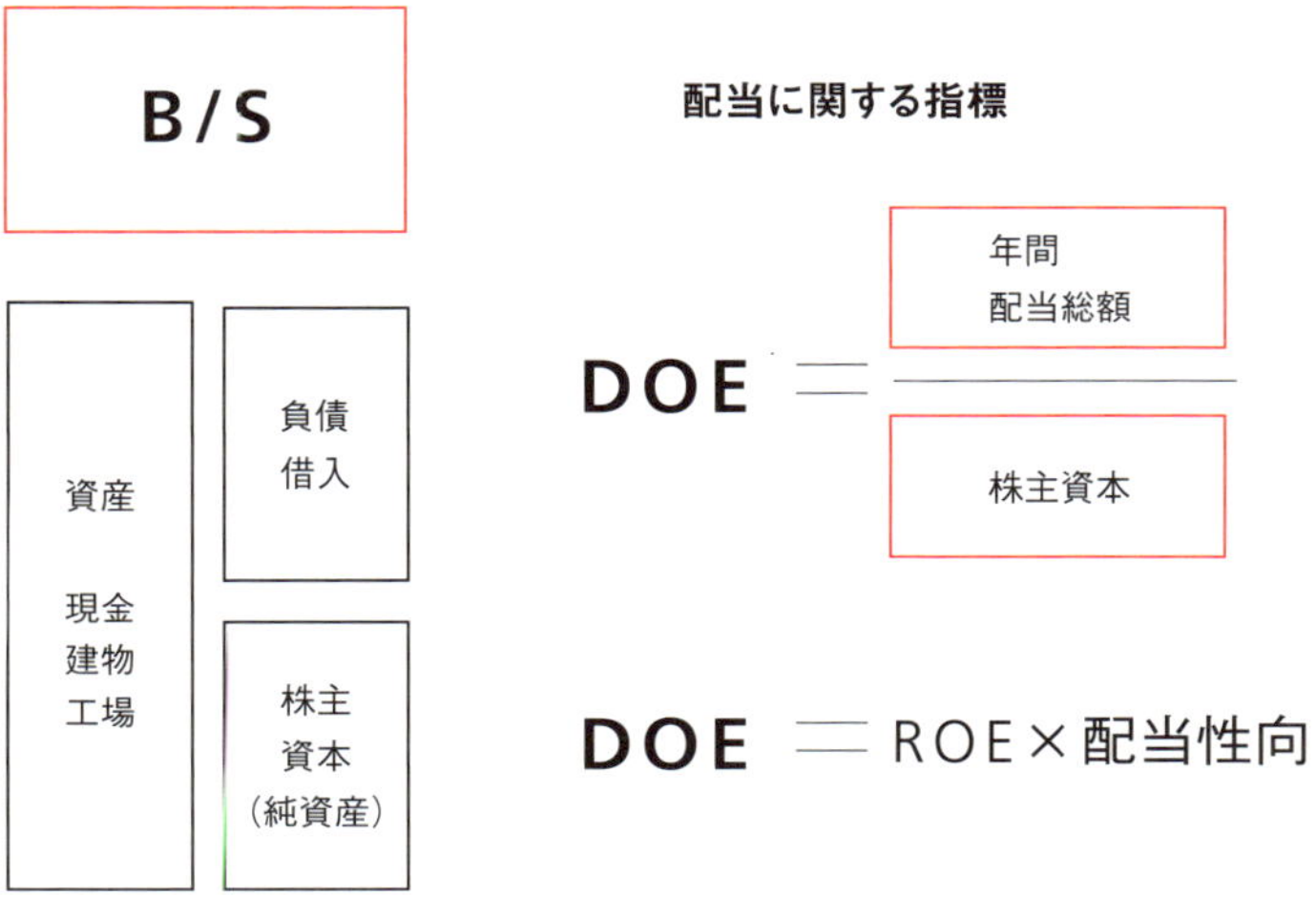
B/S
配当に関する指標
資産
現金
建物
工場
負債
借入
株主
資本
(純資産)
DOE =
年間
配当総額
株主資本
DOE = ROE×配当性向

て、投資家としっかりコミュニケーションを図ってくださいということなのです。**IRは、投資家に分かりやすく説明することによって投資家からの期待値も上がり、株を買ってもらえます。そのくらいIRは企業や株の価値を左右します。**

IR担当者は、資料を作成することだけが仕事ではありません。会社のIR情報を広報する、会社の看板的な業務です。グローバル企業であれば、海外投資家に英語で質問される機会もあります。また、成長企業の優秀なIR担当者は、取材が来るのを待たずに自ら売り込みます。

IR担当者を事務職と兼任させたり、人事経験者に担当させたりする企業が多いですが、事務や人事職とIRの適性はまったく異なります。会社を名実ともに成長させたいのであれば、IR専門のスペシャリストを会社におくべきです。企業がIRのやりかたについて知りたいときは、東証のIRサポート部に連絡をすればサポートしてくれます。

「資本コストや株価を意識した経営」優良企業の特長

東証が「資本コストや株価を意識した経営」を提唱し始めてから1年後の2024年2月、東証は優良企業の事例集を発表しました。機関投資家へヒアリングをして、事例を決めたそうです。

事例：コンコルディア・フィナンシャルグループ（7186）

コンコルディア・フィナンシャルグループは、横浜銀行と東日本銀行を傘下に置く金融持株会社。地銀です。発表を見ると、ほとんどの話はROEとPBRについてです。**ROEの推移を認識した上で、自社がこの先どうしていきたいかを発表していますし、PBRが1倍割れしている状況についても、改善の意思と目標を明言しています。**

投資者の評価ポイント

複数モデルでの資本コストの算出、各種指標に関するヒストリカルの分析や、同業他社との比較など、深度のある現状分析が行われている。また、各取り組みが、目指す姿の実現にどう寄与することが期待されるのか、わかりやすい説明が行われており、実現性に説得力がある。

株主資本コストについて、CAPMに加えて株式益利回りに基づく算出も行うとともに、各種指標についてもヒストリカルの推移について、その変動要因とあわせて提示(→ポイントI.①)

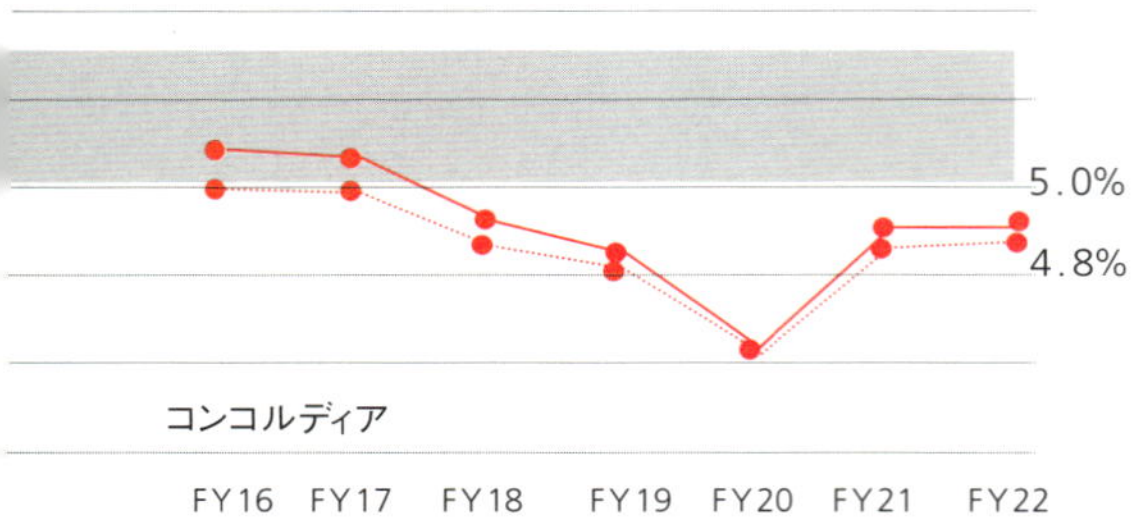

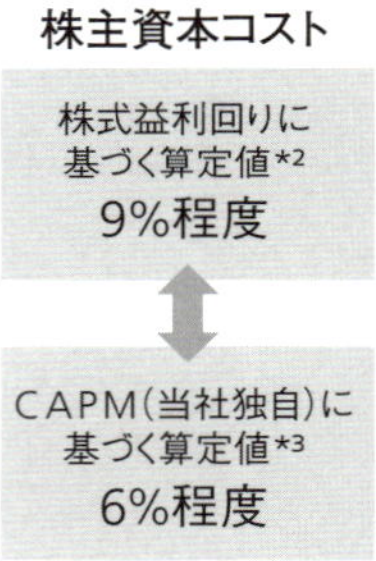

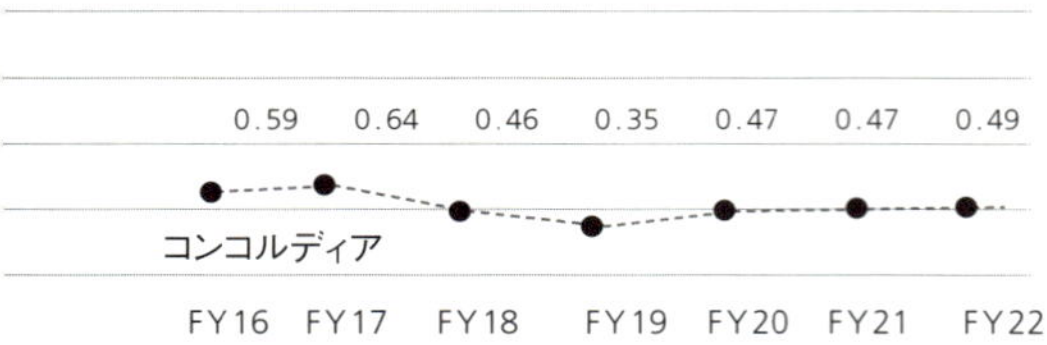

出所: 株式会社 コンコルディア・フィナンシャルグループ 2023年3月期 通期 インフォメーションミーティング(2022年度決算および企業価値向上に向けた取り組み)
https://ssl4.eir-parts.net/doc/7186/ir material for fiscal ym8/136053/00.pdf

事例15
コンコルディア・フィナンシャルグループ（7186）①→TOPIX Mid400→銀行業→JPX

現状評価・分析
マイナス金利導入後、ROEが資本コストを下回り、PBRは低水準で推移

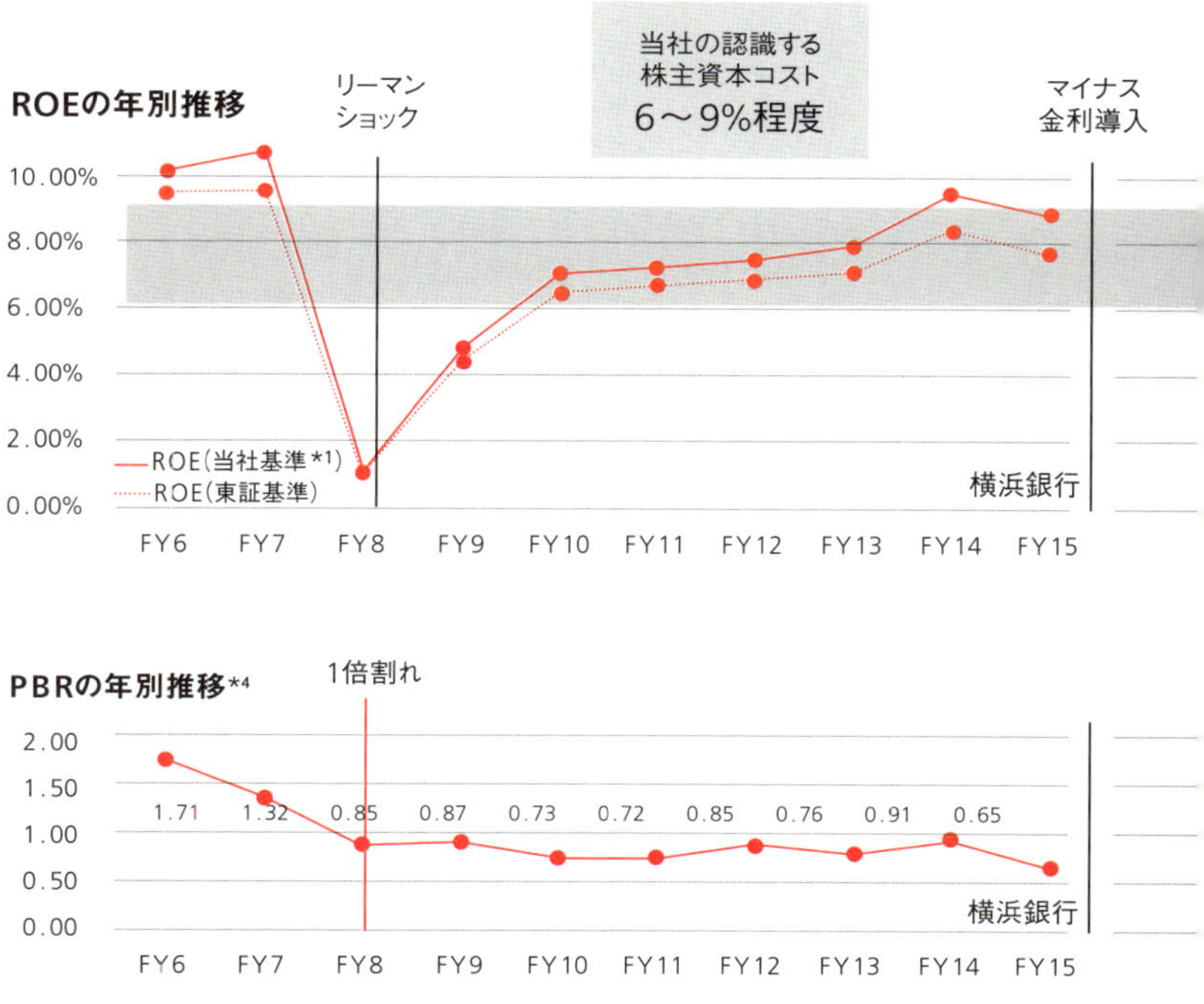

*1　連結ROE、株主資本ベース
*2　成長率を0%とし、マーケットコンセンサス（Bloomberg）の予想当期利益を用いたPERの逆数として算出
*3　コンコルディア・フィナンシャルグループ独自基準をもとに算出
*4　自己株式除くベース
Copyright©2023 Concordia Financial Group, Ltd. All Rights Reserved. 株式会社コンコルディア・フィナンシャルグループ Information Meeting FY20229

企業評価が上がるCAPMとは

資本コストを見る際、CAPM《キャプエム》（資本資産価格モデル）を発表した企業は評価がワンランク高くなる傾向にあります。一般的に、自社の資本コストを何％に設定するかを公に発表しない企業がほとんどなので、CAPMの計算式に基づいて見積もりを公開した企業の評価は上がります。

資本コストは、簡単にいうと、投資家がリスクを取ったぶん期待しているリターンがどれくらいあるかの指標です。企業側が発表した数字と投資家側が考えている資本コスト（％）に差異が出ることは普通のことです。しかし、日本ではこの議論がまだ成熟していないため、投資家側が想定している数字と異なる数字を出すことを、企業側がリスクと考えている側面があります。ですが、繰り返しますが、企業側と投資家側で考える「資本コスト」に差があっていいのです。差があった場合、企業側はどうしてこの数字なのか、投資家と対話すればいいからです。投資家とし

ては知っておきたい指標でもありますので、隠さず発表する企業は評価が高まります。怖がらずに発表をしつつ投資家に信用を得るためにも、ＩＲによるコミュニケーションが必要なのです。最近は、個人投資家でもＣＡＰＭを知っている時代ですから、企業は積極的に発表したほうがメリットがあると思います。

資本コストとは　次の計算式で表すことができます。

株主資本コスト＝リスクフリーレート＋β×マーケットリスクプレミアム

（10年債の利回り）＋（個別企業独自の値幅）×（リスク上乗せ）

株主資本コストを簡単にいうと

投資家目線で、個別企業に投資しているのだから

・最低、10年債の利回りは超えるリターンは出してね（リスクフリーレート）

・インデックス投資よりは値動きは、当然、上回るよね（β）

・リスクのあるものに投資しているから、リスク掛け算しとくね（リスクプ

レミアム）

リスクフリーレートとは、リスクがない金融商品に投資してどのくらいの利益率を確保できるかを表します。最も安全な資産とされる10年物の日本国債の利回りを使用するのが一般的です。

βは、個別企業のリスク値。ネットで検索すれば、その企業のβ値はすぐに調べられます。市場全体やインデックス投資の平均値を1として、それに対する感応度です。個別企業は、TOPIXなどの市場全体よりも、値動きが出ます（感応度）。個別企業は、それだけリスクを取っているわけですから、その値動き分をβと表します。

マーケットリスクプレミアムとは、市場全体に投資した場合に期待する最低限のリターンを示し、市場平均リターンからリスクフリーレートを引いて算出します。10年物の日本国債よりどれだけ高いリターンが期待できるかを表し、5％前後に設定されることが多く見られます。

CAPM（資本資産評価）による株主資本コストの計算式

株主資本コスト ＝ **リスクフリーレート** ＋ **β** × **リスクプレミアム**

株主資本コスト	リスクフリーレート	β	リスクプレミアム
株主が期待するリターン	リスクのない資産の利回り	市場全体の値動きに対する株価の感応度	リスクの上乗せ部分
	10年物国債の利回りがよく使われる	TOPIXが動いた時に自社はどう動くかネットで公開されている	国債よりどれだけ高いリターンを提供できるか

PBR・ROE改善事例 トヨタ編

【事例】トヨタ

トヨタのIR資料には、2024年3月の見通しとして、自社の資本コストを「6〜10％程度」と発表しています。

参考までに私が自分でトヨタの資本コストを計算すると167ページ下段のようになります。

トヨタ側が出している6〜10％の間に収まる数字が出てきました。では、トヨタの想定する10％とはどういった場合なのか？

次にすり合わせるステージに入ります。このように、企業側、投資家側がそれぞれに資本コストを計算することで、その差は何か？　建設的な議論や分析ができることを、お分かりいただけるでしょう。

先ほどのコンコルディア・フィナンシャルグループの資料を見ると、CAPMに基づく資本コストは6％ぐらいです。株式の利益に基づく計算式でいくと、約9％。双方の乖離《かいり》を埋める経営をやっていくと発表をしています。

個人投資家も、この点を理解しておくと、成長する企業や期待値が高まる企業を探す目安になります。

トヨタは25年3月期までに1兆円の自社株を買うと発表しています。すごい金額ですね。**20年以降は自社株買いが増え、ここ5年間で過去最高の規模になっています。企業がPBRやROE改善のためにお金を使っていることが分かります。**

配当金も、TOPIXに構成されている企業の23年度の配当総額は19兆円。10年前の8兆円から2倍に増加しています。

TOYOTA（ご参考）ROEの推移
ROE（親会社所有者帰属持分当別利益率）の推移＊1

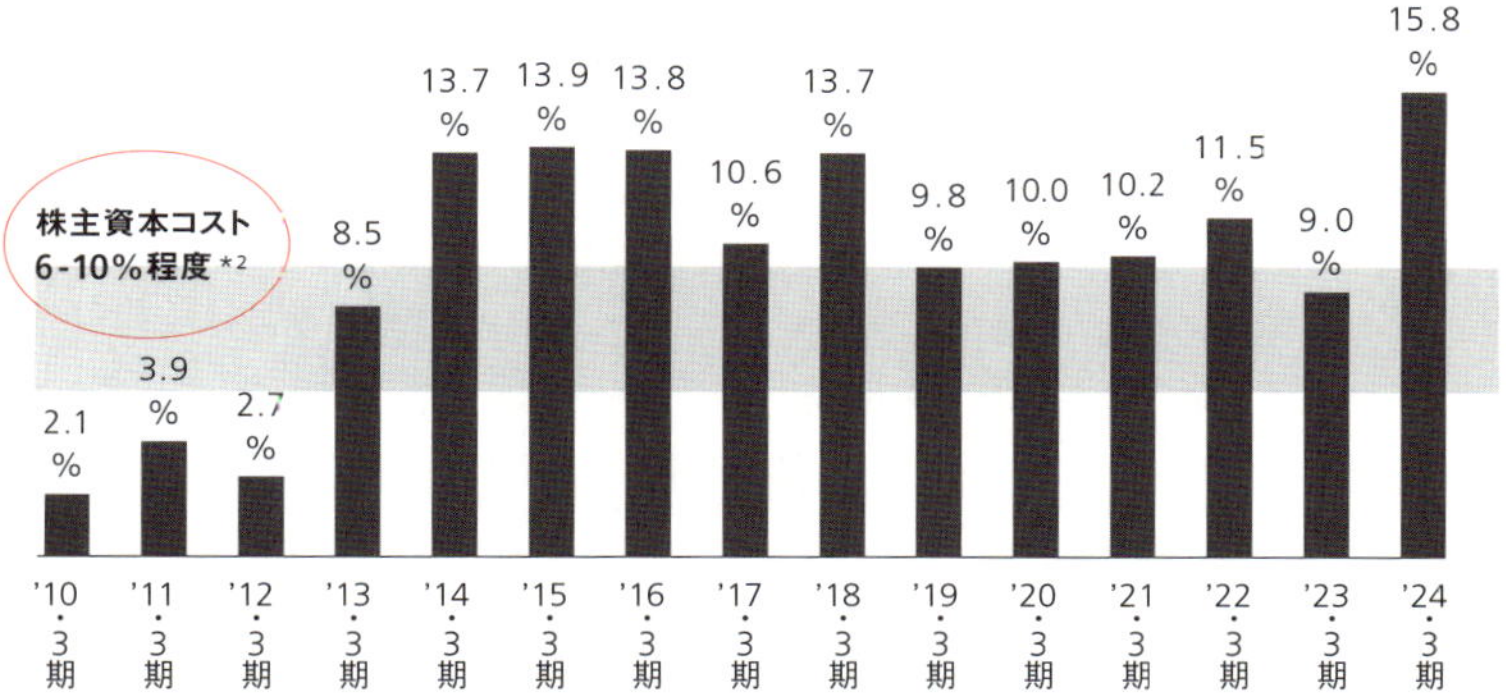

＊1 '10.3期 -'19.3期：米国会計基準、'20.3期-'24.3期：国際財務報告基準（IFRS）
＊2 資本資産価格モデル（Capital Asset Pricing Model）に基づく当社推計

出所:トヨタ自動車HP 決算報告プレゼンテーション資料

CAPM（資本資産評価）による株主資本コストの計算式（例:トヨタ）

株主資本コスト	＝	リスクフリーレート	＋	β	×	リスクプレミアム
株主が期待するリターン		リスクのない資産の利回り		市場全体の値動きに対する株価の感応度		リスクの上乗せ部分
6.65	＝	0.8	＋	1.17	×	5

出所：日本金融経済研究所作成

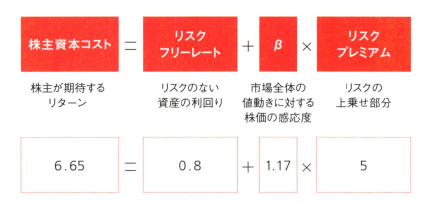

自社株買いがふくらんでいる

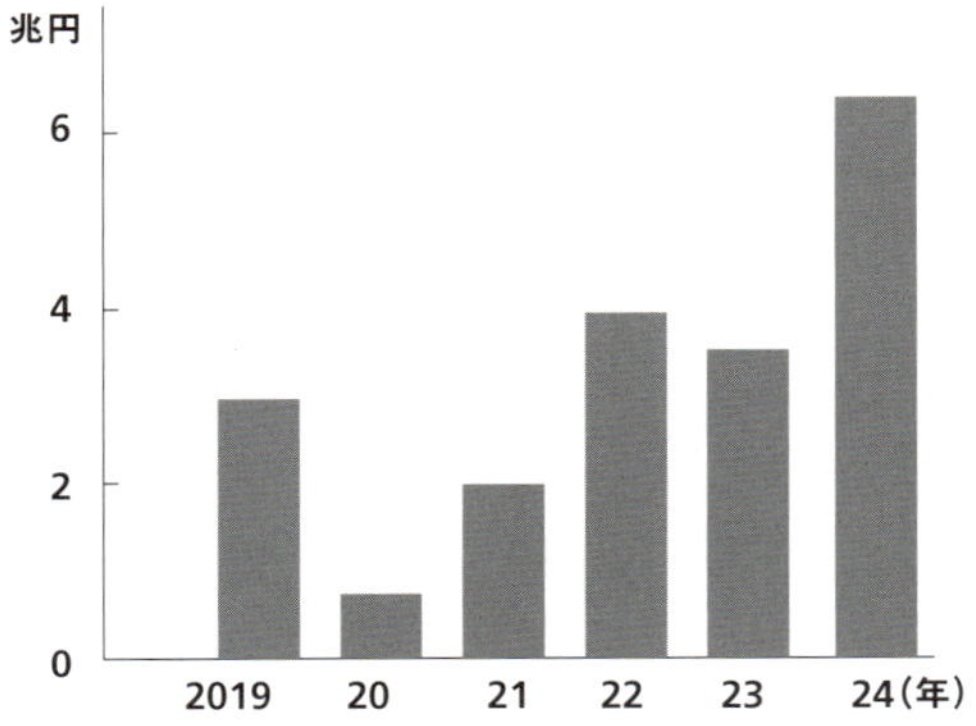

（注）自社株買いの設定枠の合計 各年4月1日〜5月16日
出所：QUICK

株式分割をする理由とメリット

株主や出来高を増やす策として、株式分割があります。

1つを幾つかに分けるだけなので、合計の価値は変わりません。どう分割するか、たとえば2分割なのか10分割なのかは企業が決めます。

背景には、東証が、個人投資家が投資しやすい環境を整備する意図があります。望ましい投資単位として50万円未満という水準を明示しています。株価５０００円以下

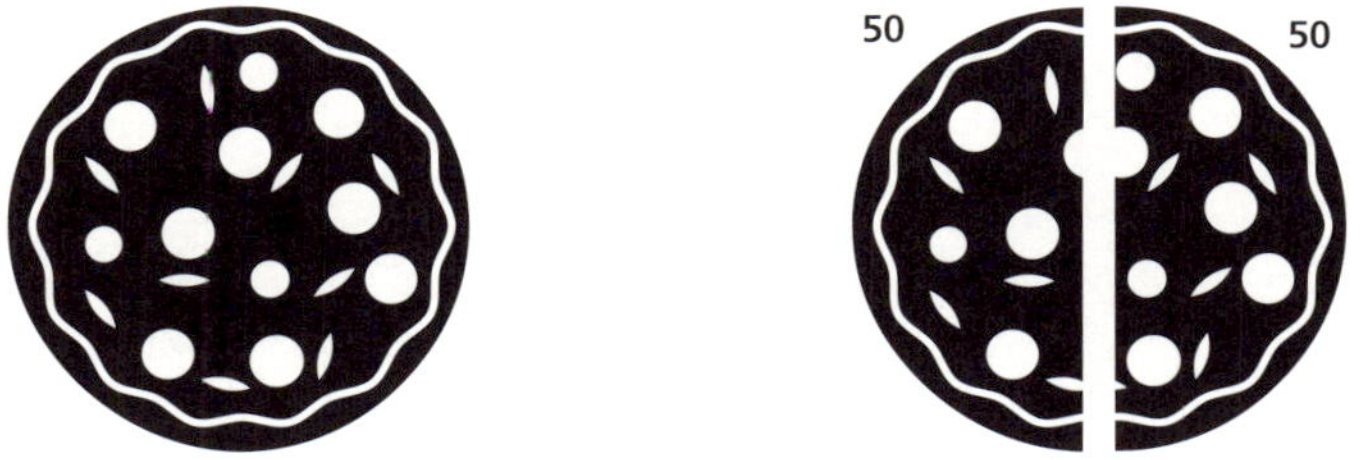
1つで
100
分割しても
ピザ全体の価値は
変わりません
2つで
100

分割
1株をいくつかに分割し、発行済みの株式数を増やすこと。例えば、1株を2株に分割すると、
各株主の持ち株数は自動的に2倍になるが、
理論上、1株の価値は半分になるため、資産価値は変わらない。
ただし、1株当たりの配当を据え置いたままだと、株主は増配と同じ効果が得られる。
原則として、株式分割は取締役会の決議で行うことができる。

出所：日本金融経済研究所作成

にすることで、若い層や、手元資金が少ない人でも株を始められるようにするのが目的です。

株式分割で株主数が増えれば、株の流動性が高まります。流動性が高い会社は評価が高くなります。また、流動性が高くなれば、プライム市場を目指しやすくなります。株主数、出来高、売買高、時価総額が高いほど、プライムに上がりやすくなるからです。プライム企業になれば、機関投資家の購入対象に入りやすくなります。

また、株式分割をすると株価が上がりやすくなるメリットもあります。分割を宣言してから分割までに1カ月から半年程度の期間があり、その間に分割する企業として認知され、人気になると、分割前の高い金額でも買われることが多々あります。分割後は買いやすくなるので、若手投資家が参入してきて、さらに株価が上昇するケースがあります。**株主の数が増えれば、1人の大口投資家によって株価が左右されにくくなり、株価が安定します。株価が安定すると企業は長期的な経営が可能になります。**

分割前から株を持っている株主にとっては、株主還元のような特需です。分割後も1株当たりの配当額を変更しなければ、分割前からの株主は新しい株数分だけ配当をもらえるので、配当増額の代替にする企業も存在します。

買われやすい、買いやすい株価は1000円台。1株1000円の場合は100株で10万円と、現実的な購入額になります。1株1万円となると、100株で100万円なので富裕層しか買えません。アルバイト代や小遣いで買いたい人には手を出しにくくなります。

【企業側のメリット】

株式分割による企業側のメリットというと、先ほどの「株式の流動性を高められる」「上の市場を目指せる」といった2つがありますが、その他にも大きく2つのメリットがあります。

■株価の安定性が高まる

少数の株主によって株式のすべてが保有されている状態の場合、1人の株主が株式を売買しただけで株価に与える影響が大きくなります。

しかし、株式分割によって1株当たりの価格を下げて株式数を増やした結果、株主数が増えると売買が株価に与える影響が弱まり、株価の安定性が高まります。

株価の安定性が高まると長期的な経営が行えるようになり、企業にとって大きなメリットとなります。

■配当の代替にできる

株式分割後も1株当たりの配当を変更しなければ、株主は新たに取得した株式数だけ、受け取る配当が増えることになります。

この仕組みを活用すれば、1株当たりの配当金額を変更することなく配当増額の代替として株主に利益を還元することができるのです。

【投資家側のメリット】

■最低購入金額が下がる

株式分割が行われると株式の最低購入価格が下がるので、これまで購入することができなかった投資家なども株式を購入することができるようになります。

例えば、1株あたり2万円の株価がついている株式を100株単位で購入するためには、最低でも200万円が必要になります。

ですが、4分の1の割合で株式分割が行われれば、理論上株価は5000円になるため100株単位でも50万円で購入することができます。

また、売りたい人は「半分だけ売る」ということもできるようになり、買いたい人と売りたい人のお互いの選択肢が増えます。

株式分割によって、売買が活発に行われるようになるのがメリットの1つです。

■配当をたくさん受け取れる可能性がある

配当は、「1株当たり○○円」と決められています。もし、株式分割があっても配当に変更がなければ、保有する株式数が増えたぶんさらに配当がもらえる可能性があります。

■株主優待が安くもらえる可能性がある

ほとんどの会社の株主優待は、100株だけの保有でもらえます。**株式分割があっても、優待内容と条件に変更がない場合には、分割後の安い価格で、分割前と同じ優待がもらえる可能性があるのです。**

分割する企業は証券会社のホームページに一覧で記載されていることが多いので、確認しましょう。

株式分割予定銘柄一覧の例

更新：24/05/15　提供：ウエルスアドバイザー社

分割権利落ち日	銘柄		市場	割当比率
24/09/27	6016	ジャパンエンジンコーポレーション	東証スタンダード	1→3
24/09/27	9534	北海道瓦斯	東証プライム	1→5
24/09/27	7979	松風	東証プライム	1→2
24/09/27	7698	アイスコ	東証スタンダード	1→2
24/09/27	6845	アズビル	東証プライム	1→4
24/09/27	3132	マクニカホールディングス	東証プライム	1→3
24/09/27	8697	日本取引所グループ	東証プライム	1→2
24/09/27	6965	浜松ホトニクス	東証プライム	1→2
24/09/27	6946	日本アビオニクス	東証スタンダード	1→5
24/09/27	4887	サワイグループホールディングス	東証プライム	1→3
24/09/27	9434	ソフトバンク	東証プライム	1→10
24/09/27	4980	デクセリアルズ	東証プライム	1→3
24/08/29	8233	高島屋	東証プライム	1→2
24/08/29	6323	ローツェ	東証プライム	1→10
24/08/29	7485	岡谷鋼機	名証	1→2
24/06/27	4595	ミズホメディー	東証スタンダード	1→2
24/06/27	9260	西本Wismettacホールディングス	東証プライム	1→3
24/06/27	7826	フルヤ金属	東証プライム	1→3
24/06/27	2327	日鉄ソリューションズ	東証プライム	1→2
24/06/27	8914	エリアリンク	東証スタンダード	1→2
24/06/27	7740	タムロン	東証プライム	1→2
24/06/27	6849	日本光電工業	東証プライム	1→2
24/06/27	7936	アシックス	東証プライム	1→4
24/06/27	8031	三井物産	東証プライム	1→2
24/06/27	6361	荏原製作所	東証プライム	1→5

政策保有株を解消する理由

政策保有株とは、持ち合い株のことです。親会社と子会社の関係では、親会社の意向で子会社の配当利回りが高く設定されがちで、子会社から親会社へ利益がわたる構造になっています。

投資家から見れば、親会社がある限り子会社の配当は高いと判断できるので、悪い印象ではないのですが、これを疑問視して関係の解消を要請する投資家もいます。**実際に、伊藤忠商事とファミリーマートは2018年から親子関係でしたが、20年に伊藤忠がファミリーマートをTOB（株式公開買い付け）し、完全子会社にした後でファミリーマートを上場廃止にしました。**これは、伊藤忠がファミリーマートの事業改革を実施するためにとられた施策です。TOB（Take Over Bid）、株式公開買い付けとは、上場企業の株式を、買い付け期間・株数・価格を公言した上で、株主から買い付けることをいいます。

決算発表スケジュールを知る

株価や市場の動きを見る資料の1つに、決算スケジュールがあります。株式市場は、ある程度決まった決算スケジュールで動いています。日本企業の多くは3月が通年決算期です。**第1四半期末が6月、第2四半期末が9月、第3四半期末が12月、第4四半期末が3月というスケジュールの場合が多い**のです。1年の総決算である3月の第4四半期決算がもっとも重要で、毎年4月から5月のゴールデンウィークあたりまでの通年決算発表時期は関連部署があわただしくなります。四半期ごとの決算発表と先の見通しは、次の四半期の期首に行われます。決算発表の内容で日経平均は動くので、決算情報は押さえておきましょう。

米国の通年決算は12月が多いですが、期首・期末月は日本と同じです。米国の値動きは日本の株価にダイレクトに影響しますので、合わせてチェックしましょう。

米国で注目すべき企業は、12月期がAmazon（アマゾン）、Google（グーグル）、Meta（メタ／Facebook）、TESLA（テスラ）。1月期がNVIDIA（エヌビディア）。6月期がMicrosoft（マイクロソフト）。9月期がApple（アップル）。これらのテクノロジー企業は、マグニフィセント・セブンと呼ばれ、この7社の株価はS＆P500指数に直接影響するほどです。

■決算の先行指標が安川電機のなぜ

日本でトヨタ自動車、ソニー、任天堂、日立製作所、ソフトバンク、信越化学工業、三菱UFJ銀行など多くの有名企業が3月を決算月とする中、1カ月早い2月に決算する安川電機（6506）は市場の先行指標として、たびたび報道されます。

決算期は業種によっても偏りがあり、例えばユニクロを運営するファーストリテイリングを始めとする小売業には、8月決算の企業も多くなっています。

日本企業の決算期と米国企業の決算期

第1四半期決算（1Q）			第2四半期決算（2Q）			第3四半期決算（3Q）			第4四半期決算（4Q）		

日本

4月	5月	6月	7月	8月	9月	10月	11月	12月	1月	2月	3月

←→ 前期の本決算（4Q）発表　←→ 第1四半期決算発表　←→ 第2四半期決算発表（中間決算）　←→ 第3四半期決算発表

3月期　トヨタ、ソニー、任天堂、日立製作所、ニデック、ソフトバンクG、東京エレクトロン、信越化学、三菱UFJ
2月期　安川電機
8月期　ファーストリテイリング

米国

1月	2月	3月	4月	5月	6月	7月	8月	9月	10月	11月	12月

←→ 前期の本決算（4Q）発表　←→ 第1四半期決算発表　←→ 第2四半期決算発表（中間決算）　←→ 第3四半期決算発表

マグニフィセント・セブン
12月期　アマゾン、グーグル（アルファベット）、メタ（Facebook）、テスラ
1月期　エヌビディア
6月期　マイクロソフト
9月期　アップル

出所：日本金融経済研究所作成

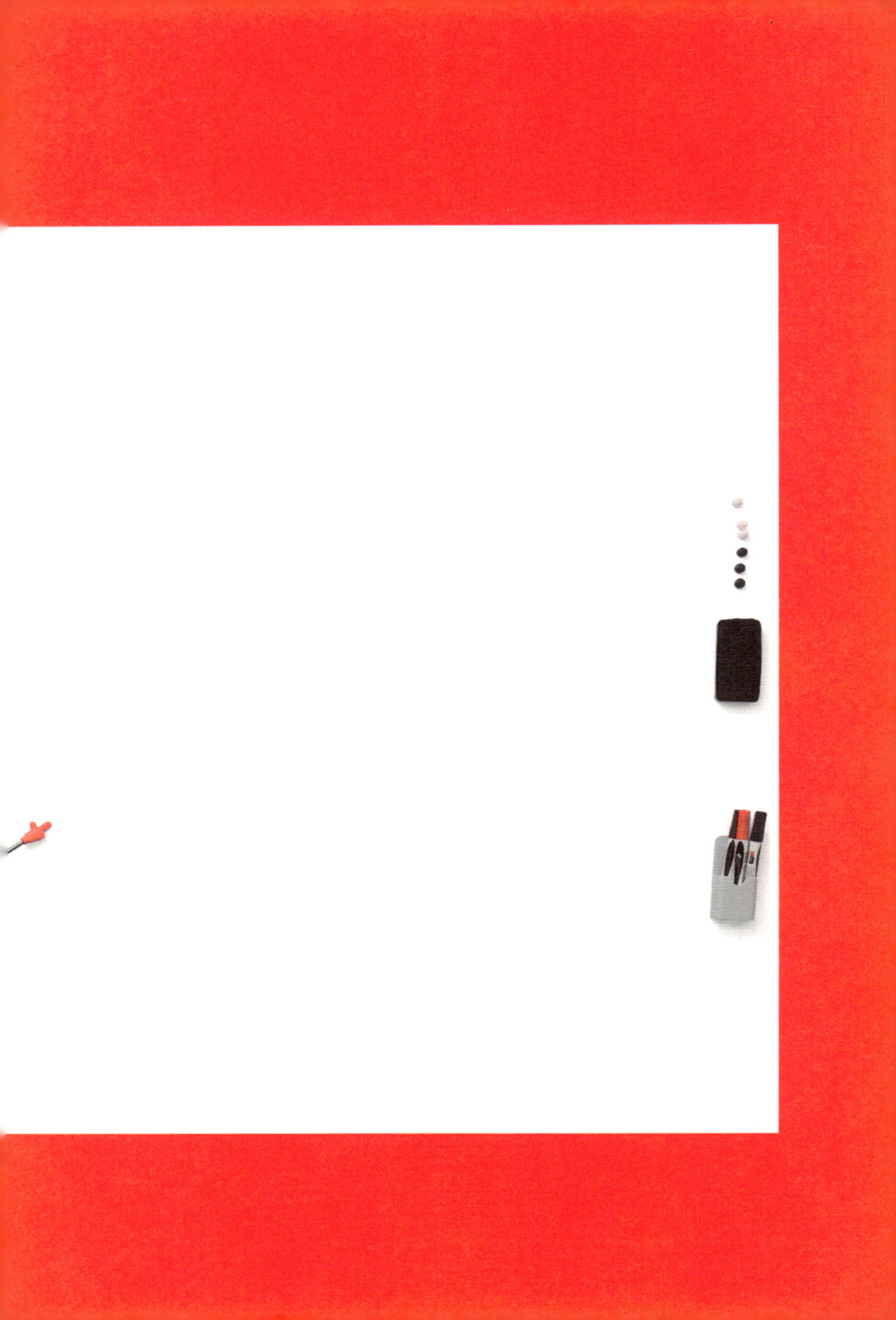

第8章
景気は誰でも先読みできる

企業経営こそ、最高の芸術作品

私は、アナリストとして企業分析や企業訪問をする中で「企業経営ほど素晴らしい奇跡の融合体は、存在しないのでは」と思うようになりました。

「データ」と「人間の泥臭い部分」の両方を見ながらも、自分は客観的立場でいなければならないアナリストの仕事を通じて、「企業経営は奇跡の重なった芸術」だとさえ感じます。

これは、アナリストとして第三者的に企業をウォッチし、かつ企業の現場の人と取材などで触れ合う機会が多いからこその、少々変わった感覚かもしれません。変わったというのは、現役のアナリストでありながら、上場企業の社外取締役を2社務めていることから生まれた独自の視点と感覚を持ったということです。

アナリストは第三者として企業の分析を客観的に行う仕事です。企業が出した

「業績」、未来への見通しである「業績予想」、類似企業と比較した上での「優位性」、ＩＲ体制が充実しているかといった「組織力」、最後に経営者の器「経営者の資質」などを冷静に見ます。

社外取締役は、役員です。企業経営に関与する仕事です。取締役会では、毎月の営業データから積み上げられた月次の売上・利益の数字を確認します。なぜ、今月は平均値と比べて良い数字だったのか。良かった要因を分解して良い取り組みは継続する判断をします。悪い数字であれば何が問題か原因を分解し、役員陣で改善策を出します。改善策がどんな効果を生んだか、次月以降、定点観測します。その他、人的資本に関わる、賃上げ、人材教育の状況なども議題です。

私が役員として力を入れているのは、自分の専門分野です。具体的には、中期経営計画の策定、企業の価値創造の図、キャピタルアロケーションと呼ばれる、企業が保有する資産をどのように効率的に使っていくかを示す資料作成。そのほか、毎回の決算短信と決算資料における細かな文言の変更です。いまのマーケットでは何が求められているのか、現役のアナリストならではの視点を役員会議でご提案します。そのほか、ここに書ききれないほどの仕事があります。

アナリストの仕事だけでは見えてこなかった、「経営者の苦悩」「経営の厳しさ」

を当然、目の当たりにします。役員として「従業員の皆さま」への感謝の気持ちも持ち合わせるようになりました。取引先の企業の皆さま、株主の皆さまのことを常に考えるようになりました。アナリストと経営の現場を常に行き来しているなかで、生まれてきた感覚や感情が次のようなものです。

人間が時間をかけた努力、それを織りなす組織体こそ、芸術的だとも思います。**企業経営こそ、人類の最高の芸術であり、美しさと感動を覚えます。**

私は趣味もなく、余興的なものに興味が湧かずにこの10年間過ごしてきました。このことに、自分は疑問を持たずに歩んできましたが、最近はよく周りの人から「趣味もなく、なぜ、そんなことが可能なのか」と聞かれます。

適切な答えになっているかどうか分かりませんが、私にとっては、**企業という集合体の定点観察ほど面白いものはないからです。知的好奇心を満たし、時に、胸が痛くなるほどの感動を覚えます。**

企業経営は、地道でありながら、繊細な采配も必要です。それに加えて大胆な経営決断が必要でもあります。自分でやろうとしても、誰でもできるというものではありません。そう考えると、自分以外の優秀な人間の努力に自分の手を添える（資産を託す）こと。それが株式投資だと思えてきます。

投資から生まれる「複利」とは、前述の通りアインシュタインが言う「合理的な産物でありながらも、同時に、人間らしいものをかみしめることができるもの」だと言えます。

景気を読むための4つの指標と1つの図

この章ではまず、景気動向を読むための４つの指標と１つの循環図についてお伝えします。これらを理解すると、今日の株価の値動きの理由が分かるのはもちろん、先読みすることもできるようになります。
景気の良し悪しを評価する指標として、日本の経済成長度を知るＧＤＰ（Gross Domestic Product＝国内総生産）は馴染みが深いと思います。ただ、これだけで

図解アイディア 日本経済を巨大な旅客機と考える

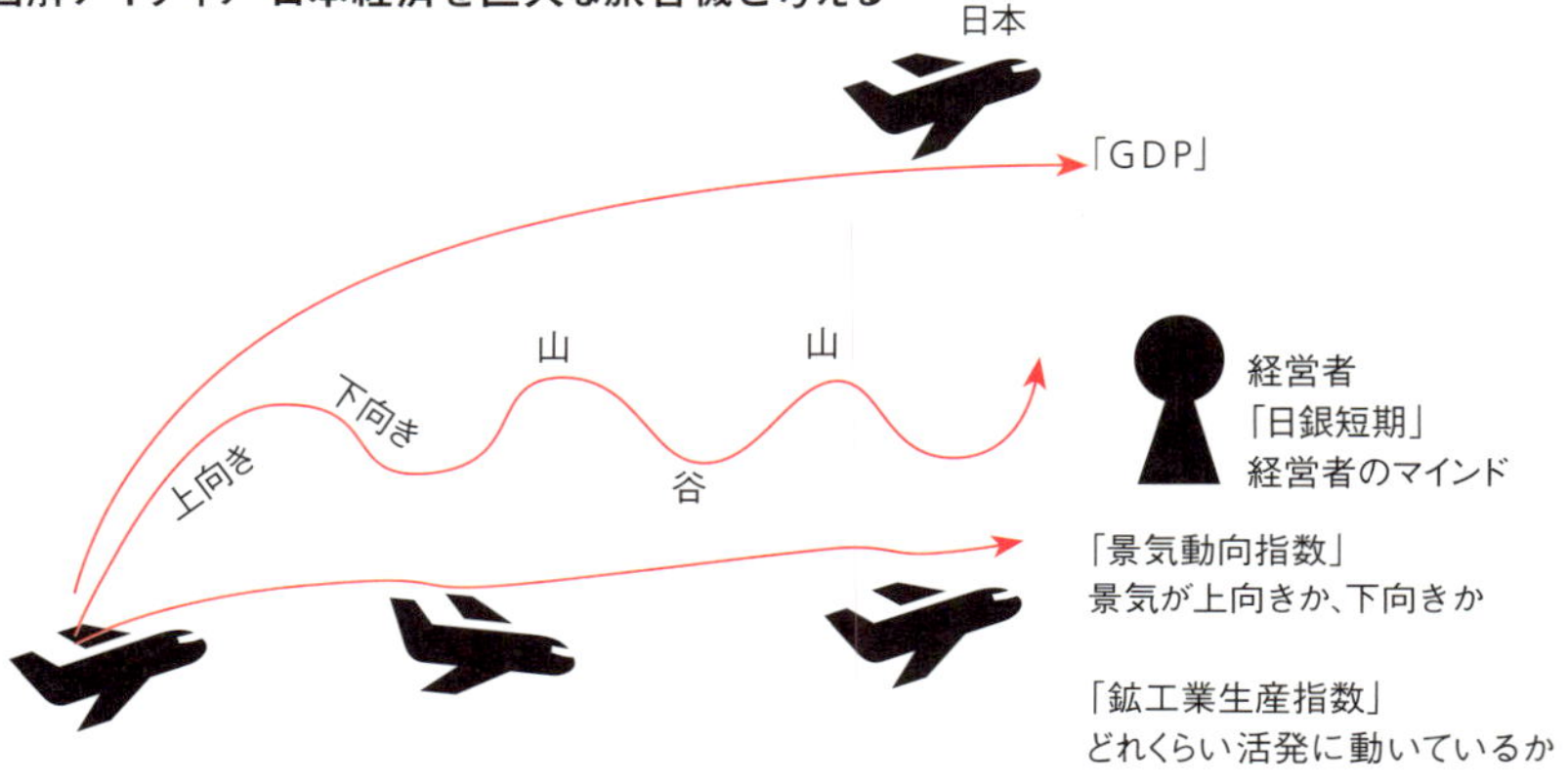

補足）タクシーの運転さんやデパートの店員さんにアンケートをとる「景気ウォッチャー」

指標	発表時期・発表主体	概要
国内総生産（GDP）	四半期ごと・内閣府	日本の経済成長を知る 日本経済の「高度」を示すもの。
日銀短観	年4回・日銀 4月、7月、10月、12月公表 	企業マインドの変化を示す 乗客である企業の経営者に「景気はどうですか」と乗り心地を聞くアンケート調査。業況判断指数DIがプラスであれば景気は良い、マイナスであれば景気は悪いと判断する。 「想定為替レート」「設備投資計画」も重要。
景気動向指数	毎月・内閣府	今の景気局面を知る 機体（景気）が上を向いているのか下を向いているのかを示すもの。
鉱工業生産指数	毎月・経済産業省	景気変動を先読み・GDPを先読み 旅客機で言えば、機体がどの程度活発に動いているかを示す。「電子部品・デバイス」「在庫循環」に注目。

出所：日本金融経済研究所作成

は日本の景気の一部しか分からないので、景気動向を判断するときは、他に日銀短観、景気動向指数、鉱工業生産指数を合わせて見ます。これらは、景気がどうなっているのかを示す経済指標の中でも、重要視される4つです。

飛行機の動きに見立てて4つの指標を理解する

景気を読むために必要な4つの指標について、まず、全体像を把握します。日本を飛行機に見立てて、飛行機の動きを景気の動向として考えてみることができます。

「GDP」は、日本経済の「高度」です。日本経済を巨大な飛行機と考えると、景気が良くなれば高度上昇、悪くなれば高度は下がります。

「日銀短観」は、乗客である企業の経営者に「景気はどうですか」と**乗り心地を聞くアンケート調査**です。

「景気動向指数」は、**機体（景気）が上を向いているのか下を向いているのか**を示すものです。

「鉱工業生産指数」は、**日本経済の中核である鉱工業の活動状況を示すもの**です。飛行機で言えば、機体がどの程度活発に動いているかを示すものです。

全体はＧＤＰ、経営者のマインドは日銀短観、足元の景気は景気動向指数、活力を鉱工業生産指数で見る。このように理解すると、見方がわかると思います。

ＧＤＰについて

ＧＤＰは、内閣府が発表します。一定期間内に生み出された財貨・サービス（産出額）から原材料として使用された財貨・サービス（中間投入額）を差し引いた付加価値の合計です。例えば、塩を１５０円で売った場合の原材料価格が50円だとすると、付加価値は１００円になります。

ＧＤＰは大きく分けて４つの部門があります。

（１）消費
（２）設備投資
（３）輸出入
（４）政府支出

飛行機に当てはめれば、４つのエンジンがあるということです。そのエンジンの活動次第で、日本の高度が上下します。景気の良し悪しが決まるというわけです。中でも個人消費がＧＤＰに占める割合は、５割強と極めて大きく、その動向が景気を大きく左右することになります。

政府はＧＤＰを増やすために、さまざまな経済政策を打ち出します。４つのエンジンの出力状況を見ながら、日本の経済を成長させ、高度を上げようと操作します。ＧＤＰが発表された時に、見るべきポイントは、どのエンジン（部門）が好調で、どのエンジンが不調なのか。日本経済の飛行状況を把握する基本がＧＤＰになります。

日銀短観について

「短観」とは、正式名称を全国企業短期経済観測調査と言い、企業が自社の業況や経済環境の現状・先行きについてどうみているか、売上高や収益、設備投資額といった事業計画の実績・予測値など、企業活動全般にわたる項目の調査結果のことです。

日本銀行が調査することから「日銀短観」と呼ばれています。

短観には資金繰りや在庫など、幾つかの項目がありますが、最も注目されているのが大企業・製造業の「業況判断指数」です。業況ＤＩ（diffusion index）とも呼ばれるこの数値は、業況が「良い」と答えた割合から、「悪い」と答えた割合を差し引くという単純な数値です。これがプラスであれば、景気が良いと考えている企業が多く、反対にマイナスであれば、景気が悪いと感じている企業が多いことになり、その増減で景気動向が読み取れます。

「短観」は3、6、9、12月と年4回調査が行われ、翌月（12月調査のみ同月）の、株式市場が開く直前の8時50分に発表されます。「短観」の結果が、株式市場や外国為替市場にも大きく影響するので注目が高いです。

日銀短観を見るポイントは、最新の「想定為替レート」と「設備投資計画」です。企業が決算時に、為替レートをどう考えているかが分かります。例えば、2023年12月の調査段階では24年6月時点の対ドルを139円と見積もった企業が多かったのですが、実際は160円台でした。これを受けて、次の決算では上方修正することが予測できます。

あわせて、毎回出される設備投資計画も見逃してはいけない項目です。設備投資計画を積極的に考えている時は日本経済は好調ですが、鈍化が始まると、株価が下がるという予測ができます。

景気動向指数について

景気動向指数は、景気の現状を把握して将来を予測するために作られた指標で、生産、雇用などさまざまな経済活動において、重要かつ景気に敏感に反応する指標を統合したものです。

景気動向指数は、景気の局面を知ることができます。産業、金融、労働等、経済に重要かつ景気に敏感な30項目の景気指標をもとに指数が算出されています。項目はさらに、景気に先行して動く先行指数、景気と同時に動く一致指数、景気の結果によって決まる遅行指数に分かれます。

鉱工業生産指数は、この30項目の中の一致系列に入っています。先行指数は、新規求人数、東証株価指数、投資環境指数、中小企業の売上見通しなどがあります。遅行指数は、法人税の収入など、後から分かる指数が多く、これらを合わせて景気動向指数といいます。

例えば、24年6月7日時点のニュースでいえば、一致指数1・0ポイント上昇の115・2で、2カ月連続上昇でした。

毎月発表される動きを見ておくと、日本経済がどの方向に向かっているかが確認できるので、株式投資には必要な概念です。ニュースを読むときは、詳細までを理解しなくてもいいので、大枠だけでも理解しておくと、より経済を読みやすくなります。景気動向指数は少し難しいですが、せめて次にお話しする鉱工業生産指数は見てほしいところですね。

4月の景気動向指数、1.0ポイント上昇　2カ月連続

経済　＋フォローする

2024年6月7日 17:44

保存

内閣府が7日発表した4月の景気動向指数（CI、2020年=100）の速報値は、足元の経済状況を示す一致指数が前月比1.0ポイント上昇して115.2だった。2カ月連続で上昇した。基調判断は「下方への局面変化を示している」で据え置いた。

一致指数を構成する10項目のうち、集計済みの8項目では5項目がプラスに寄与した。一部の自動車メーカーの認証不正問題で停止していた工場の稼働が再開され、出荷や販売が押し上げられた。

一致指数の推移

（令和2（2020）年＝100）

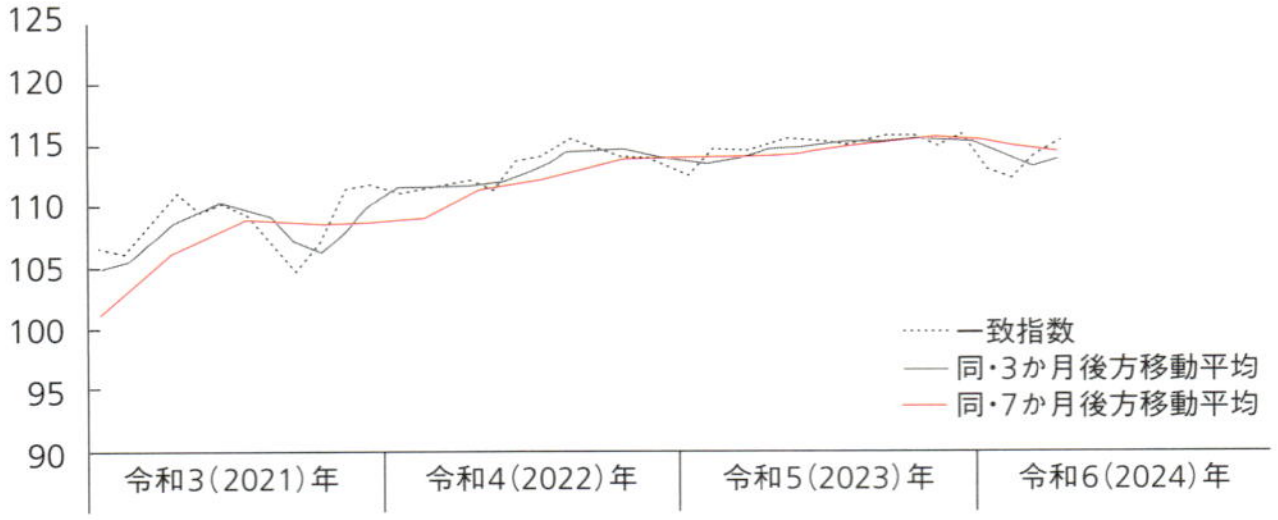

出所:内閣府

産業、金融、労働等、経済に重要かつ景気に敏感な30項目の景気指標をもとに指数が算出されています。

系列種別	系列名		作成機関	資料出所
先行系列	L1	最終需要財在庫率指数(逆サイクル)	経済産業省	鉱工業指数(経済産業省)
	L2	鉱工業用生産財在庫率指数(逆サイクル)	経済産業省	鉱工業指数(経済産業省)
	L3	新規求人数(除学卒)	厚生労働省	一般職業紹介状況(厚生労働省)
	L4	実質機械受注(製造業)	内閣府経済社会総合研究所	機械受注統計調査報告
			日本銀行	最終需要・中間需要物価指数
	L5	新設住宅着工床面積	国土交通省	建築着工統計(国土交通省)
	L6	消費者態度指数	内閣府経済社会総合研究所	消費動向調査
	L7	日経商品指数(42種総合)	(株)日本経済新聞社	日本経済新聞(リンクなし)
	L8	マネーストック(M2)	日本銀行	マネーストック統計
	L9	東証株価指数	(株)東京証券取引所	東証統計月報(リンクなし)
	L10	投資環境指数(製造業)	財務省	法人企業統計季報(財務省)
			財務省	法人企業統計季報(財務省)
			日本相互証券(株)	マーケットデータ
	L11	中小企業売上げ見通しDI	日本政策金融公庫	中小企業景況調査
一致系列	C1	生産指数(鉱工業)	経済産業省	鉱工業指数(経済産業省)
	C2	鉱工業用生産財出荷指数	経済産業省	鉱工業指数(経済産業省)
	C3	耐久消費財出荷指数	経済産業省	鉱工業指数(経済産業省)
	C4	労働投入量指数	厚生労働省	毎月勤労統計調査月報(厚生労働省)
			総務省統計局	労働力調査報告(総務省統計局)
	C5	投資財出荷指数	経済産業省	鉱工業指数(経済産業省)
			経済産業省	鉱工業指数(経済産業省)
	C6	商業販売額(小売業)	経済産業省	商業動態統計(経済産業省)
	C7	商業販売額(卸売業)	経済産業省	商業動態統計(経済産業省)
	C8	営業利益(全産業)	財務省	法人企業統計季報(財務省)
	C9	有効求人倍率(除学卒)	厚生労働省	一般職業紹介状況(厚生労働省)
	C10	輸出数量指数	内閣府	月例経済報告(内閣府)
遅行系列	Lg1	第3次産業活動指数	経済産業省	第3次産業活動指数(経済産業省)
	Lg2	常用雇用指数(調査産業計)	厚生労働省	毎月勤労統計調査月報(厚生労働省)
	Lg3	実質法人企業設備投資	財務省	法人企業統計季報(財務省)
			内閣府経済社会総合研究所	四半期別GDP速報
	Lg4	家計消費支出	総務省統計局	家計調査報告(総務省統計局)
	Lg5	法人税収入	財務省	租税及び印紙収入、収入顧調(財務省)
	Lg6	完全失業率(逆サイクル)	総務省統計局	労働力調査報告(総務省統計局)
	Lg7	きまって支給する給与(製造業、名目)	厚生労働省	毎月勤労統計調査月報(厚生労働省)
	Lg8	消費者物価指数(生鮮食品を除く総合)	総務省統計局	消費者物価指数(CPI)(総務省統計局)
	Lg9	最終需要財在庫指数	経済産業省	鉱工業指数(経済産業省)

鉱工業生産指数について

そもそも、鉱工業生産とは、鉱工業製品を生産する国内の事業所における生産の状況等（数量・重量・金額等）を経済産業省が調査し、「鉱工業生産指数」として毎月公表するものです。鉱工業製品には、鉄鋼、一般機械、電気機器、精密機器、輸送用機器、繊維工業品、紙・パルプ製品、食料品、たばこ、医薬品等、数多くの品目が含まれます。

生産する国内事業所の生産稼働状況や各種設備の生産能力の動向を捉え、生産の先行き2カ月の計画を把握する指標です。

数ある産業の中で、なぜ鉱工業だけが日本経済の指標になっているのか、不思議に思われた読者もいるかもしれません。**鉱工業とは、物を製作する産業のことで、鉱業、建築、製造、農林水産業が該当し、指標では農林水産業を除く3業種が用い**

られます。ＧＤＰに占める鉱工業の割合は20％あり、関連も含めると40％に上るため、日本経済の産業を広くカバーできるのです。

これらの指数が悪くなると、次のＧＤＰは悪くなると予想できます。この指数を知っている人は、ニュースで「ＧＤＰがマイナスです」と報道されても「そりゃそうだよね」と思います。鉱工業生産指数を見ていれば先のGDPは予測できるのに、ニュースで取り上げる指標はＧＤＰが多いため、いきなりＧＤＰマイナスと言われて驚く人が多いのです。

鉱工業生産指数について、さらに深掘りする方法もあります。在庫循環の図を読めるようになると、現段階の景気状況が分かるようになるのです。これは、経済産業省が毎月発表しています。

在庫循環図は、縦軸に鉱工業の在庫の増減を示しています。横軸は、前年の生産数を示しています。これを用いて、在庫が現段階で前年比プラスかマイナスかを確認できます。

鉱工業の在庫循環図

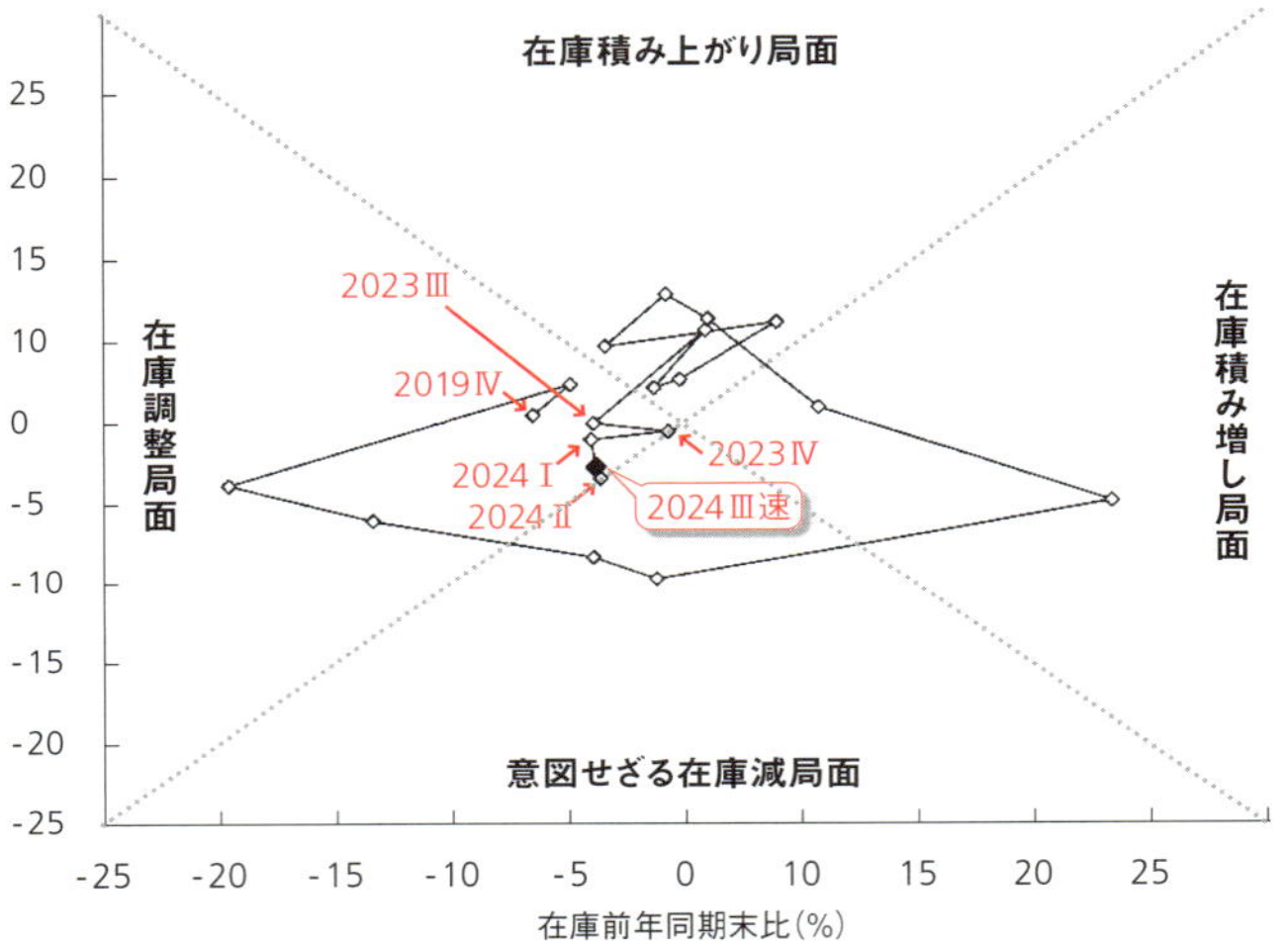

(注)2024 Ⅲ速の生産は6月、7月、8月の平均値、在庫は8月末の値を使用　　出所：経済産業省

在庫は、景気に大きな影響を及ぼします。在庫が積み上がると価格が下がり、価値が下がり、株価も下がります。逆に、在庫が足りないときは価格が上がり、株価も上がります。そのため、この動きを株に反映される前にいち早く把握できるかどうかが、株で利益を出せるか否かを大きく左右します。

左ページの在庫循環図からそれぞれのフェーズを見ると、①は、**景気の谷であり、かつ景気回復期1のフェーズ**です。そろそろ景気や株が盛り上がるサインです。②は**景気の山で、ピークアウト。景気が後退し始めます。**在庫を増やしても需要がある時期は景気拡大期ですが、**行きすぎると③の景気後退期に入ります。世間は「もういら**

在庫循環図

経済産業省の在庫循環図は、縦軸に鉱工業指数の在庫指数の前年比を、横軸に同生産指数の前年比をプロットしたもの。企業の在庫調整は景気循環に大きな影響を及ぼす。景気の循環的な動きをいち早く把握することが可能。

在庫循環図（概念図）

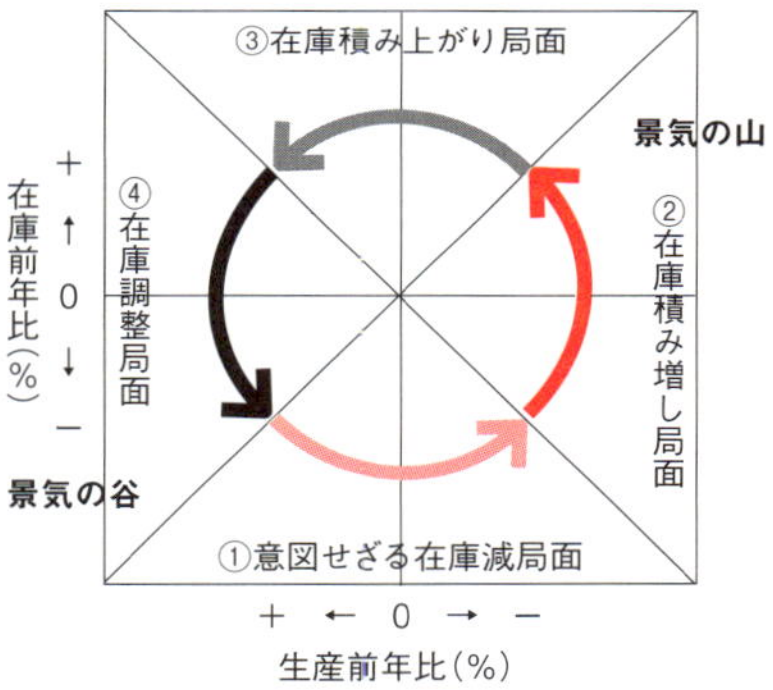

出所：経済産業省

在庫局面	景気局面	企業の生産在庫状況
① 意図せざる在庫減	景気回復期	増産しても需要に追いつかない
② 在庫積み増し局面	景気拡大期	将来の需要増に備えて増産・在庫増 好景気終盤
③ 在庫積み上がり局面	景気後退期	需要の減少速度に減産が追いつかない
④ 在庫調整局面	景気停滞期	さらに減産し在庫を減らす不況期

出所：経済産業省より、日本金融経済研究所作成

ない」という状況に変わったのに、工場はいきなり減産できず、在庫が増え続け、安売りで値段が下がり、利益が伸びなくなり、企業の株価が下がります。こうなると**④の景気不況期になり、在庫調整をします。**すると、在庫がまた不足し、増産しても需要に追いつかない①の状態になるのです。

鉱工業では、この循環がずっと繰り返されています。特に半導体業界において3年サイクルで株価が動く理由は、ほぼすべて在庫循環図で説明がつきます。

経産省の2024年度の在庫循環図を見ると、在庫の積み上がり局面に位置します。今後、増産しても需要に追いつかない在庫減の局面に移ると景気回復局面となります。

大かたの投資家は、拡大期に入ると読みます。株式市場は在庫循環を見ながら景気の山と谷を事前に予測します。

半導体市場は成長し続けるのか

市場の中で、いま在庫が積み上がってきているのは、「メモリー」という記憶するための半導体です。「ロジック」は計算をする半導体です。ロジック半導体の中で特に生成ＡＩに強いのが、最近よく名前を聞くエヌビディア（ＮＶＩＤＩＡ）です。半導体の市場規模は、２０３０年にかけて１００兆円になるといわれています。この間に先ほどのサイクルがあるので、下落する時期もありますが、長期で見ていくと成長し続ける業界だと思います。

半導体の市場規模は、24年から30年にかけて、7年で１・８倍に拡大すると予測

されています。振り返ると、１９９０年から２０００年の10年で、市場は4倍に拡大しました。２０００年代も10年で2倍、13年から23年の10年間で１・5倍、これからも伸び続けるでしょう。

半導体株に個人で投資する場合は、個別だけでなくＥＴＦを活用して、長期で持ちながらときに在庫循環図を見て、ちょっと下落しても「循環サイクルのフェーズ移動だね」と俯瞰するくらいがいいでしょう。**ＥＴＦとは、株式と同じように証券取引所で売買される上場投資信託のこと**です。

例えば、東京エレクトロンをいまから買おうとすると、すでに株価が3万円を超えているので（24年8月時点）、最低購入金額は３００万円以上になり、誰もが気軽に買える金額ではありません。この場合、半導体関連のＥＴＦで、東京エレクトロン、ルネサス、ディスコなどを組み入れている商品を選ぶのも一手です。ただ、半導体株は値動きが大きいので、業界の状況への十分な理解なしに所有することはお勧めしません。値幅が大きいため、短期投資として考える人が多いです。しかし、半導体業界は産業の基盤「産業の米」といわれる分野ですので、長期投資と相性が良いと言われています。これまでご説明してきた市場規模の拡大、国のサポートを

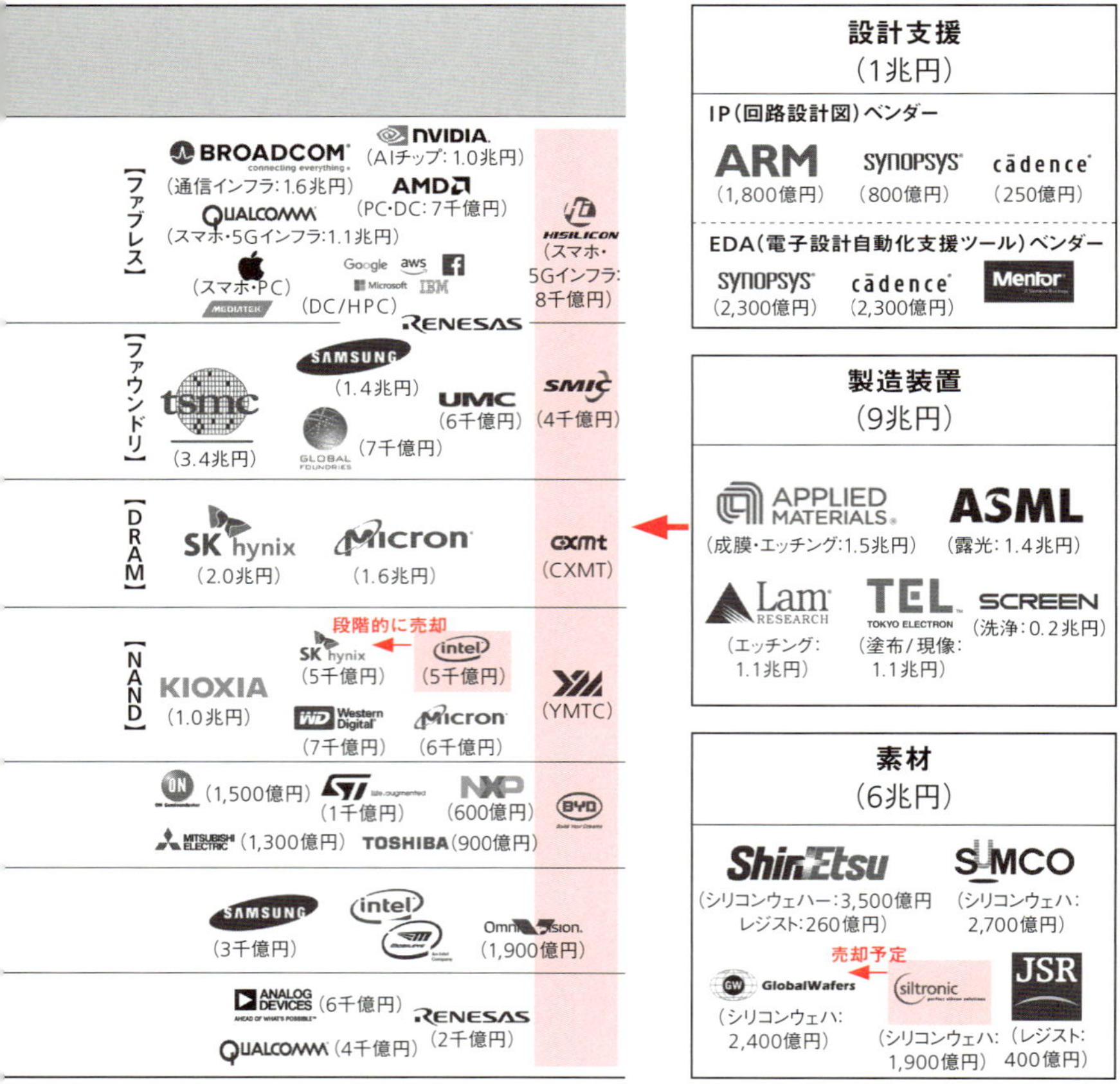

(出典)Omdia、SEMI、TrendForce、(株)富士経済、グローバルネット(株)、
各社決算資料のデータをもとに経済産業省作成(※数字:2019年、為替レート:1USD=110円、1ユーロ=125円)

出所:経済産業省 05.pdf(meti.go.jp)

世界の半導体市場と主要なプレイヤー

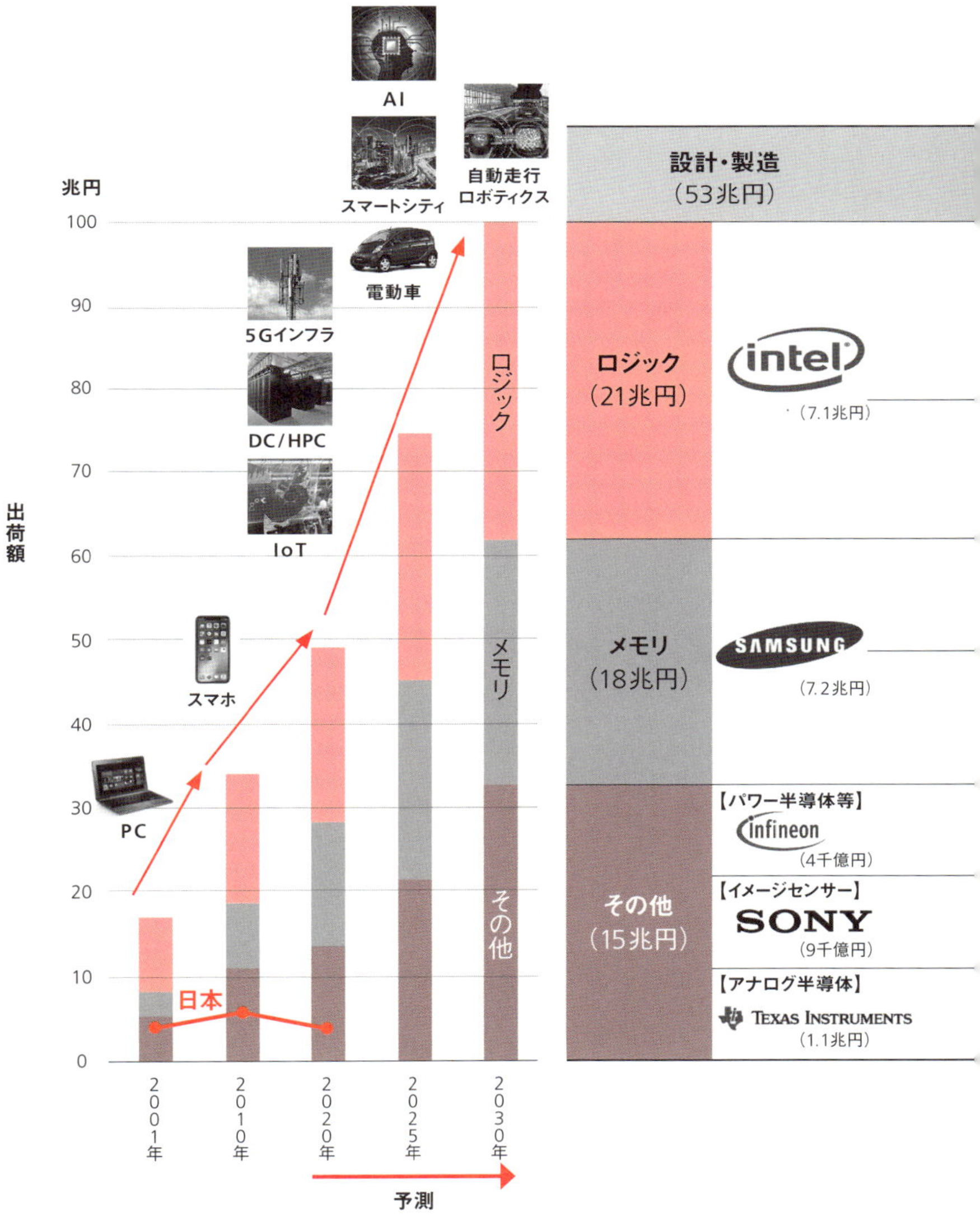

世界の半導体市場規模
2030年に1兆ドル

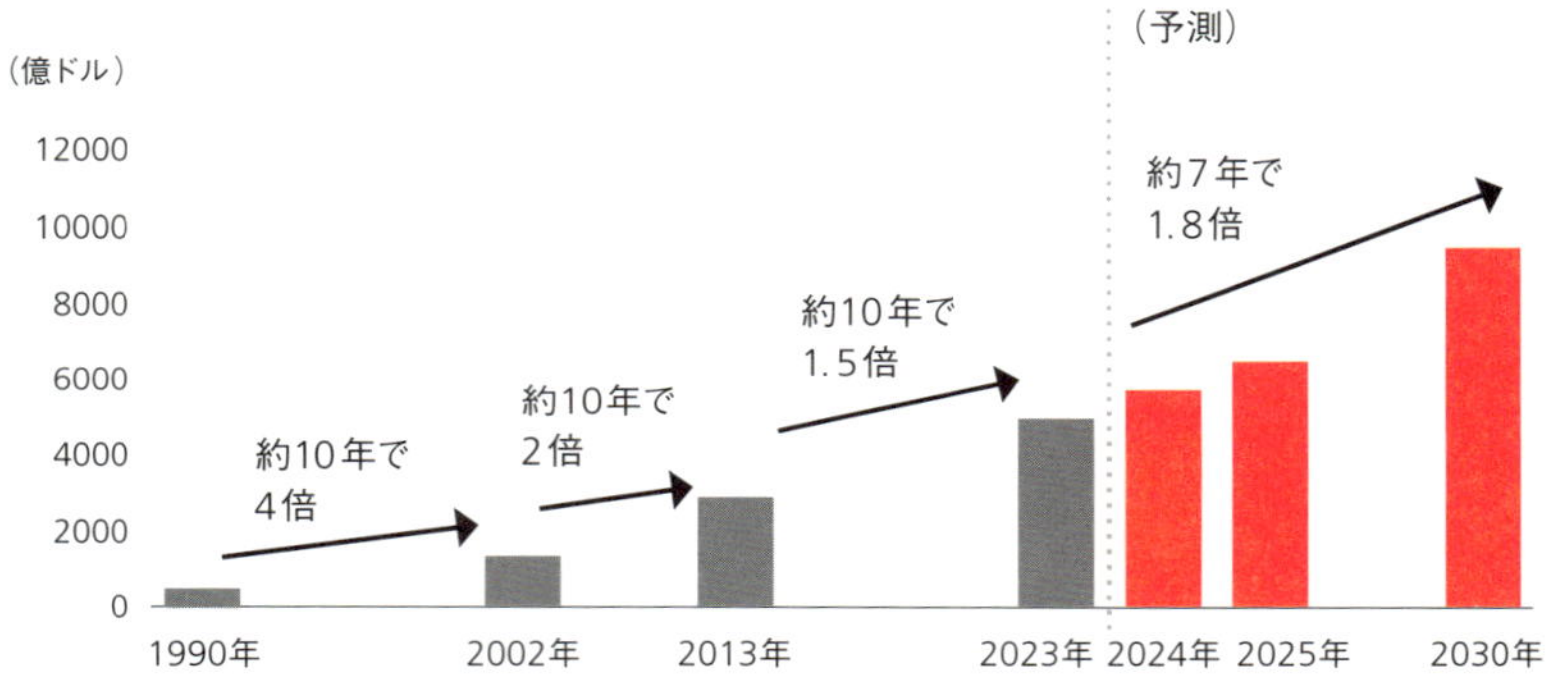

出所：世界半導体市場統計（WSTS）より日本金融経済研究所作成

受ける国益に関わる産業であること、半導体、半導体製造装置、半導体素材など業界の中での地図など、ある程度の知識をもって投資するようにしたほうがいいでしょう。

積極的なIRは投資を促す

この章の最後に、前章でも触れたように会社が株価を上げるための重要な要素IRについてお話したいと思います。

日本の企業の99・7%は、中小企業です。日本は、中小企業へ手厚い施策や補助金を

出しています。最近では、スタートアップユニコーンを生み出すための政策が骨太の方針に入るようになりました。スタートアップとは、革新的なイノベーション・ビジネスモデルの企業をいい、ユニコーンとは、企業価値が10億ドル以上の未上場企業をいいます。

スタートアップ企業は今後、上場企業になる可能性が高いですが、多くが上場新興企業といわれる小規模企業にとどまります。トヨタやソニーなどの超大手企業は本当に一握りで、その他の約3000社は、時価総額1000億円以下の上場新興企業です。

大規模企業になるためには、経営者がマーケットに対し、自社の経営戦略や魅力を伝えていく必要があり、そのためにはIRが欠かせません。

IRとはInvestor Relations（インベスター・リレーションズ）の略で、簡単に言うと投資家向けの広報です。会社の業績推移をはじめ、経営計画書や財務情報などを発信するとともに、投資家との良好な関係を築いて企業価値を高める役割があります。

ＩＲを積極的に行っている企業は、健全経営で信頼できる企業、つまり投資価値がある企業だという印象を与えます。しかし、株価を上げることだけを目的に内容が薄い情報開示を頻発するようなＩＲによって、投資家からの評価を下げてしまう企業もあります。

ＩＲは、短期的な株価の上昇を目指すものではなく、長期的に自社を理解し、応援してくれる投資家や株主を増やすための活動だと考えることが大切です。日頃からセミナーなどで投資家としっかり対話をしていれば、業績が悪化したり不祥事が起きたりしても、株価の値下がり幅や期間を最小限に抑えることができます。投資家側から「いったん売らせてもらうけれど、売られ過ぎのタイミングでは買い戻そうか」「業績悪化でも、きっちり今後の成長戦略が説明されていて、納得感があるので、売らずに保有を続けよう」「不祥事でも、株を手放さずに様子見しよう」と考えてもらえるには、日頃のリレーションがカギを握ります。

さらに近年では、非財務情報、いわゆる人的資本の情報公開もＩＲの大きな仕事の1つになりました。これまでは、企業のＩＲ担当者は広報や総務、経理職が兼任することが多かったのですが、ＩＲが株価や業績、企業価値などに大きな影響を及ぼすという認識が広まり、徐々に専任者を置く企業が増えました。

IRに注力した企業とそうでない企業では、同じ業界、同じ売上規模だったものが5年後に大きな差が出たという実例があります。A社は時価総額が60億円から600億円、10倍になりました。一方、IRに注力していなかったB社は、5年間ずっと下降し続けています。

いまや個人でエヌビディア株を買う時代です。自社は小規模だからという理由でIRを軽視していると、あっという間に時価総額が100億円を切り、最終的には上場廃止になってしまいます。

IRの実務は、決算データの作り込み、アナリスト・機関投資家とのミーティングや交流会、個人投資家向けイベント、オンラインセミナー、ホームページのIR情報の更新、プレスリリースの作成と発信、メディア対応、株主総会の準備などがあります。株主総会の準備1つとっても、会場を押さえて、案内状を送付して、進行表を作って……と多岐にわたります。IRとしてステークホルダーに対応するには経営や財務の知識が不可欠ですので、かなり高い専門性が求められます。他部署

企業政策に「ムラ」がある時価総額資本主義の時代

株式上場（IPO）を果たした後の「上場・新興企業」の施策が少ない
IPOはゴールではなく、成長の通過点であり、成長を加速させるフェーズ

※創業から株式上場を目指すステージまでのリスクマネーの供給が少ない
※このフェーズの企業価値向上のための議論・施策が必要

出所：日本金融経済研究所作成

が兼任できるような仕事ではありません。
ちなみに、米国には全米ＩＲ協会があり、資格を取得できるようになっています。

東証も本気で取り組む日本企業の課題

私は現在、高度ＩＲ人材を育てる機関の設立を政府に提案しています。高年収の職業に育てあげて人気の仕事にすることで、より優秀なＩＲ人材が育ち、日本企業の業績が上がるはずです。

あわせて、日本金融経済研究所の副代表の後藤敏仁がＩＲ向上委員会をほぼ毎月開

コミュニケーションで企業価値を高めた企業事例

事例）A
売上高140億円 経常利益12億円
時価総額600億円

この規模感の上場企業は250社存在するが
多くが時価総額100億円前後

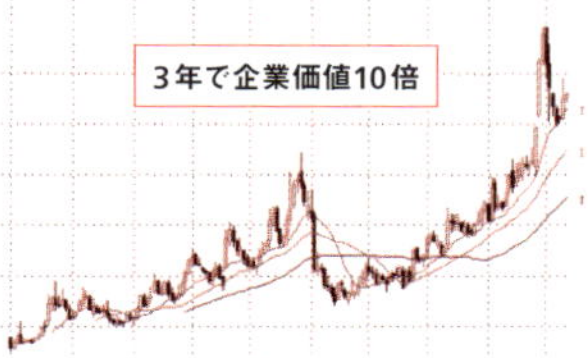

参考）B
売上高100億円 経常利益11億円
時価総額160億円

IRは決算データの発表など最低限で
IRに力を入れていない企業

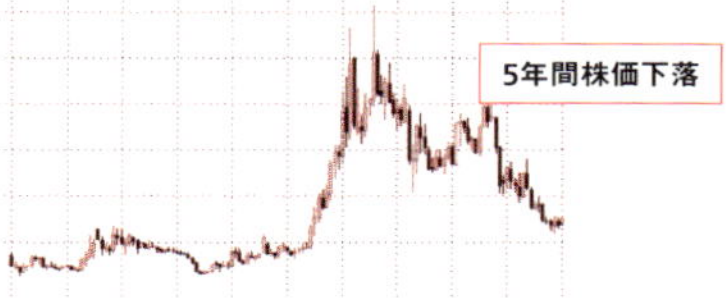

・プライム上場とグロース市場で逆点現象が数多く起きている
・業績規模が同程度で株価が低迷している企業が250社
・投資家とのコミュニケーションに従事する専属IR人材を置いていることがカギ

出所：日本金融経済研究所作成

催しています。**ボランティアにもかかわらず、大手上場企業のIR担当者が50〜130人ほど集まります。**東証上場部の担当者を招いたIRセミナーを開催したこともあり、そこでは、資本コストや株価を意識した経営について、東証の要請意図や企業の実例などをお話しいただきました。

24年4月25日と6月4日に開催した会では東証のご担当者に来ていただき、企業のIRご担当者の皆さんに学びとコミュニケーションの場を設けることができました。東証の担当者の方々は、上場企業を訪問してIRの大切さを説明するなど、前章で述べたように市場改革の要請メッセージを出したことに加えて、積極的に企業のIR現場に赴いて、レクチャーをされています。私が社外取締役を務める、イー・ギャランティ、楽待（旧ファーストロジック）のオフィスにも、東証のチームにお越しいただきました。

資本コストや株価を意識した経営の本質や実践について、東証チームから、経営陣にご説明いただいたことをきっかけに、社内の意識が大きく変化しました。心より感謝しております。

これから個人投資家がますます増える時代、ＩＲを積極的に行うことは、企業規模の大小にかかわらず重要な活動になっていくでしょう。また、個人投資家にとっても、ＩＲ活動に積極的に取り組んでいる企業を見極めることは、とても大事なことになっていくはずです。

終章

鈍感力と敏感力

「この人、好きだな」と思える人

自分の一挙手一投足が「投資」です。だからこそ、背伸びしないことです。

私たちは一人で生きることはできません。どこかの組織に所属しながら生きざる

を得ません。なので、誰かから評価されることも最後までつきまといます。面倒くさいかもしれませんが、それが人間として生きることなのだとも思います。

生きることや言動そのものが評価の対象になっています。だからこそ、自分の振る舞いは「投資」です。どんな振る舞いをしてきたかも大事ですし、言っていることが一貫していることも大事です。

これだけ、SNSなどによって、コミュニティなどあらゆるものがどこかでつながる時代になっていますので、「裏表が激しい人」はいずれ、バレるでしょう。

裏表がない、あるいは、ほとんどない人が信頼されます。だから、裏表などを気にせずに、自分の素《す》で生きるほうが評価される時代です。

かっこつけたり、いい子ぶる発言はいずれどこかで化けの皮が剝《は》がれます。最初から「かっこつけずに」自分の思うままに生きている方がいいのです。

投資という視点を持つと「裏表があることは」むしろ、人生において「リスク」です。ありのままの発言をすることでレバレッジがかかり、自分を大きく成長させてくれるでしょう。

私自身が、その基準に苦しめられ続けた時間を過ごしてきました。女性のあるべき幸せにどうしても馴染めない苦しみ。

心の赴《おもむ》くままに生きたい。

それを可能にしてくれたのが、間違いなく株式投資であり、その先にある、社会で自立して生きる場所を手にすることでした。

共に仕事をする中で、その人の才能に惚れ込んでしまうことがあります。その人が書いた文章を読み、人としての深みを感じた時に、胸がキュンとします。

仕事の事前準備の丁寧さや、仕事の進め方に緻密な計画性を知った時に計り知れない信頼を感じ、ときめきます。

恋愛感情ではないですが、「この人、好きだな」と正直に思います。

私が仕事を通じて「好きだ」と思える相手は、結局、私以外の周りの人たちも「大好き」なのです。だから、マーケット・労働市場でとても価値が高い報酬になります。

ビジネスなので、クオリティの高い仕事をして当たり前なのですが「この人、好きだな」と思ってもらえるところまでの仕事ができる人に魅力を感じます。

「この人、好きだな」と思う根底には何があるのでしょうか。私なりに紐解くと、そこには「知を重ねた・美学」が感じられるのだと思います。ビジネスシーンで収入をアップさせる方法は、テクニックや方程式があるわけではなく、エモーショナル・感情的な部分が大半を占めていると思います。

文明がどれだけ発展しても、むしろ発展すればするほど、人々は、人間が努力してしか得られない学びの姿や、年月をかけてもたらす信頼貯金に価値を見出すのではないでしょうか。

金融業界からものごとを見ることで自分自身が変わった

金融業界で働いて11年目になりますが、私は「鈍感」と「センシティブ」という矛盾する2つが自己の中で同じように成長し、大きくなりました。

まず、鈍感さを身につけたこと。投資を始めた時に、多くの人が感じる感覚があります。初めて株を購入してポジションを持つと、いきなり大きな海の中で自分が小さないかだで浮いているかのような心細い気持ちになったことを今でも覚えています。そして、自分がどれだけがむしゃらにいかだを漕いだところで、大勢に影響なしという自分の無力さを思い知ります。投資の世界には、大きなお金を動かすプロの投資家が存在します。機関投資家の動きで、相場の流れが決まります。

プロの投資家と戦うことや、自分の意志で相場をどうこうしようなどということが、いかにバカげたことかと思い知らされます。教科書で学んだことだけでは、歯が立たない。

だからこそ、プロの投資家と戦うのではない、自分のフィールドで活動すればいいという心境になります。プロの投資家やAIのアルゴリズムで値動きが荒い短期のトレードで戦っていた私は、中長期のトレードにスタンスを変えていきました。

さらに、**日経平均などの上値や下値を数字をベースに分析できるようになったことで、例えば、1日で日経平均が800円安となっても動じなくなりました**。自分の根拠とシナリオを持っているからです。こうした経験から、鈍感力を身につけました。

一方で、ものすごく「センシティブ」な面も育ちました。言葉の扱いです。金融業界ではニュアンスを少し間違えるだけで、意味が全く異なります。いろいろなメディアで発言しているため、異なるニュアンスで伝えたことで市場が混乱を招きかねません。言葉の扱いには、かなり慎重になりました。

そして、企業に対する想いも「センシティブ」になりました。第8章で言及しましたが、人間が時間をかけた努力、それを織りなす組織体こそ、芸術的だと感じます。**企業経営こそ、人類の最高の芸術であり、美しさと感動を覚えます。**「鈍感」と「センシティブ」は相反しますが、実は、人の心根の優しさに通じるものがどちらにもあります。

「個人投資家の言論力」と「サイレント・マジョリティー」

時の政権や日銀が、株式市場や為替などのマーケットと向き合う動向が見られます。日本が利上げに踏み切ると発表した後に、2024年の8月は大幅に株価が下

落しました。それに対して日銀は、利上げは急がないとコメントを修正しました。政権のトップになった人物は、それまでアベノミクスを否定し、利上げをするべきだという発言をしていても、トップになった時点でマーケットが混乱すれば、従前の自分の思想に関わるコメントを修正しています。

ここから読める、社会の風の変化は2つです。

1　投資家の言論力＝政治は、個人投資家の声を受け止めるようになった

2　サイレント・マジョリティー＝投票行動に変化
自民党が、それに手を打っている

具体的には、どういうことでしょうか。

これまで、特定の業界団体が選挙票をベースに政治に影響を与えてきました。しかし、投資が中間層、低所得者層に解放されたことで、現代における個人投資家の影響力は、団体の形ではないものの、ネット上で強力な発言権を持つようになったと理解しています。私は、これを、**個人投資家たちの「言論力」**と表現します。

個人投資家たちは、豪遊するために、NISAなどの投資をはじめたわけではない。**所得が増えないなかで、老後の生活資金確保に強い不安を抱え、少額の投資を通じて資産を増やしたいという切実な願いを持っています。**この層が選挙権をもち、政府も無視できない存在となっているのです。我々は、投資を通じて、政治に関心を持ったことになりました。

日本の大人たちは、若い層が選挙に関心を持たないと嘆いてきました。しかし、**金融庁が進めてきたNISAの普及は、単に個人の投資だけでなく政治にも関心を持たせ、もの言う個人投資家を増やしたのです。**実際に、国民から政府に対するガバナンスが効いたことで、様々なコメントを修正したことに至ったのならば、これは、民主主義を活性化させたと言えるのではないでしょうか。

「投資は富裕層が行う」という時代は終わりました。圧倒的な中間層、低所得者が切実な思いの末に投資をする時代になったのです。

投資を通じて心根の優しさを手に入れることができる

一方で、ネット上で活発に意見を述べない「サイレント・マジョリティー」の存在も政権は気にしています。**静かな、大多数。彼らは表立った行動を取らないものの、政治や経済に関して深い理解を持ち、彼らの投票行動が政局に大きな影響を与える可能性がある。**

この層は、これまで大半が自民党の支持層であったがゆえに、政権を取れていたと言えるでしょう。しかし、政治とカネの問題で、日本の大多数を占める賢い層の心が、揺らいでいます。圧倒的な大多数のサイレント・マジョリティーの心変わり、心離れを、チャンスと取る側もいれば、引き留める対応を迫られている側もいるのです。

正しい情報を得たうえで、どう正しい方向に行動し続けるか。この積み重ねが年月を重ねると格差につながります。

金融を虚像だと言い切り、金融に近づかない選択をしている人ほど、結局、世の全体像や意志決定プロセスの本質を得ることは難しいと思います。情緒的に目先の情報に囚われて人生を過ごしているようにも感じます。

金融に触れると、自分のことなど小さな存在であると思い知ります。ちっぽけであることを知ると、そこから謙虚さが生まれ、世の中の大きな流れを見るようになります。

実体経済の美徳を知りながらも、金融の仕組みを生活の中に内包する。そうすることによって「人生における静けさ（平穏）」を手に入れることができるのではないでしょうか。何事も、謙虚が自らを守るように感じます。

痛みを知ったからこそ「鈍感」になれる。
人の努力に敬意を持てるから「センシティブ」になれる。

投資を通じて心根の優しさを手に入れることができると、今は確信しています。

馬渕磨理子

mabuchi mariko

経済アナリスト
一般社団法人日本金融経済研究所 代表理事
大阪公立大学 客員准教授

京都大学公共政策大学院 修士課程を修了。トレーダーとして法人のファンド運用を担う。その後、金融メディアのシニアアナリストを経て、現職。企業価値向上について大学と共同研究している。

著書に『黒字転換2倍株で勝つ投資術』(ダイヤモンド社)、『高速勉強法』『超速仕事術』(PHP研究所)、『ニッポン経済の問題を消費者目線で考えてみた』(フォレスト出版)、『馬渕磨理子の金融・経済ノート』(東急エージェンシー)がある。

フジテレビ「Live News α」、読売テレビ「ウェークアップ」、Tokyo FM「馬渕・渡辺の#ビジトピ」のレギュラー出演をはじめ、NHK「日曜討論」、フジテレビ「日曜報道 THE PRIME」などメディア出演・掲載多数。

一歩《いっぽ》踏《ふ》み出《だ》せない人《ひと》のための株式原論《かぶしきげんろん》

2024年12月1日　第1刷発行
2024年12月25日　第2刷発行

著者　馬渕磨理子《まぶちまりこ》
発行者　鈴木勝彦
発行所　株式会社プレジデント社
〒102-8641　東京都千代田区平河町2-16-1　平河町森タワー13F
電話　03-3237-3731（販売）／03-3237-3732（出版事業室）
https://www.president.co.jp/　https://presidentstore.jp/
販売　桂木栄一　高橋 徹　川井田美景　森田 巌　末吉秀樹　大井重儀　庄司俊昭
編集　髙田 功
制作　小池 哉
印刷・製本　株式会社ダイヤモンド・グラフィック社
 ISBN978-4-8334-5215-1 Printed in Japan